PBL에서 학생평가는 신뢰 할 수 있는가?

문제중심학습과 평가

PBL에서 학생평가는 신뢰 할 수 있는가?

문제중심학습과 평가

채 수 진 著

한국학술정보[주]

책 머리에

　과거에는 학생이 얼마나 많은 지식과 정보를 알고 있느냐가 중요했다면 오늘날에는 지식과 정보가 폭발적으로 증가함에 따라 지식이나 정보의 양보다는 그것에 접근하는 방법과 실제생활 장면에 지식을 적용하는 방법이 중요한 위치를 차지하게 되었다. 즉, 지식이나 정보가 여전히 학생들에게 중요한 자료이지만 그것을 강조하는 관점이 변화하고 있는 것이다. 이것은 의과대학도 예외일 수 없다. 2000년 의약분업사태를 계기로 하여 의과대학의 교육의 변화는 빠른 속도로 변화하고 있다.

　의학 지식의 획득 자체를 최우선의 목표로 삼아왔던 전통적인 의학교육의 단점을 보완하기 위하여 최근에 많은 의과대학에서는 문제중심학습(PBL)을 도입하여 운영하고 있다. 단편적인 의학 지식을 많이 알고 있는 의사보다는 의학지식을 자율적으로 찾아 소화하고, 환자의 문제를 해결하는데 이를 창조적으로 응용할 줄 아는 의사를 길러내기 위함이다. 필자는 2000년부터 서울의대 의학교육실에서 연구원으로 근무하면서 문제중심학습을 담당하고 있다. '구성주의를 바탕으로 한 PBL'이라는 말은 교육학 책을 통해서 들어 보기는 하였으나 실제로 어떻게 수업이 진행되는지는 의과대학에 있으면서 생생한 체험을 할 수 있었다.

　4년간의 시행경험을 토대로 볼 때, 문제중심학습 운영과정에서 부딪치는 가장 큰 어려움은 학생평가였다. 즉, 문제중심학습에서의 평가는 평가자의 주관이 개입됨으로서 신뢰롭지 못하며, 학습과정에서 측정하고자하는 능력을 충실하게 측정하는지 의심스럽다는 것이었다. 여러 개의 소집단 수업으로 이루어지는 문제중심학습에서 튜터는 학생들의 평가에 모든 책임을 지고 있다고 해도 과언이 아니다. 튜터 간의 관대함의 차이는 평가 결과에 많은 영향을 미치기 때문에 상대적으로 엄격한 튜터에 의해 평가된 학생은 다른 집단의 학생보다 낮은 점수를 받게 되어 채점의 공정성이 의심스럽다는 것이었다.

이 책은 필자의 박사학위 논문인 「문제중심학습에서 학생평가에 대한 신뢰도 및 타당도 연구」를 가감 없이 펴낸 것이다. 연구의 목적은 문제중심학습의 평가주체와 평가방법의 다양한 시도들에 대한 평가점수를 비교하여 평가의 타당성과 신뢰성을 검증하는 데에 있었다. 과연 문제중심학습에서 타당하고 신뢰할 수 있는 학생평가방법은 무엇인가? 이 책의 구성은 이론적 배경과 연구결과 크게 두 가지로 볼 수 있다. 이론적 배경에서는 문제중심학습의 개념과 국·내외에서 시행되고 있는 문제중심학습의 평가방법들을 자세히 알아보았으며 학생평가에서 제기될 수 있는 쟁점들을 함께 논의하였다.

연구결과에서는 우선, 문제중심학습에서 평가주체 간의 평가 점수에 대한 일치도를 살펴보고, 평가주체별 평가의 특징이 무엇이며, 선다형 지필시험과 같은 학업성취도와 어떠한 관련이 있는지를 알아보았다. 두번째로는, 문제중심학습에서 시행하는 평가방법들 간의 점수의 일관성을 살펴보고, 평가준거와 선다형 지필시험 점수와의 상관관계를 알아보았다. 마지막으로, 문제중심학습에서 튜터 간 점수를 서로 비교하여 학생평가의 문제점을 찾고 그 해결방안을 모색하였으며, 동일한 학생을 서로 다른 튜터가 평가했을 경우 튜터 간의 점수가 어느 정도 일치하는지를 알아보았다.

수행평가 형태의 여러 가지 문제중심학습 평가방법들이 적합한지, 평가주체에 따라 평가결과가 일관성이 있는지 등에 대한 논의가 충분히 이루어지지 못한 상황에서 문제중심학습의 우수성만을 주장하는 것은 문제중심학습이 갖고 있는 본래적 가치를 오히려 훼손할 우려가 있다. 이 책은 문제중심학습에서 학생평가에 대한 신뢰도와 타당도를 실증적인 자료를 통해서 검증함으로써 문제중심학습의 실행뿐만 아니라 학생평가를 어떻게 해야 하는가에 대한 문제의 실마리를 제공하였다는 점에서 그 의의가 있다고 말할 수 있다.

논문을 쓰는 일은 공부라는 길의 출발점에 서게 되는 것이라고 한다. 글쓰기 이전에는 미처 생각하지 못했던 것을 글쓰는 동안 새롭게 깨닫게 되고 생각을 정확하게 다듬을 수 있었다. 그럼에도 불구하고 사람됨의 그릇이 적고 생각이 아둔하여 부족한 것이 많은 논문이 되었음을 안타깝게 생각하며, 분에 넘치는 사랑과 애정, 열정적인 가르침을 아끼지 않으셨던 윤영선 교수님께 죄송할 따름이다. 논문을 쓰도록 도와주신 서울의대 여러 교수님들께 감사드린다. 큰딸의 건강과 행복을 위해 항상 기도해 주시는 부모님과 시어머니께도 감사드리며, 영원한 나의 매니저 남편에게 고마움을 전한다.

목 차

표 목 차

그림 목차

I. 서 론

1. 연구의 필요성 및 목적

현대사회는 정보화 사회, 무한 경쟁사회 등 다양한 이름으로 불리고 있으며, 지식이나 기술의 양이 엄청나게 늘어나고 생활환경이 변화함에 따라 사회가 요구하는 인간상이 달라지고 있다. 21세기 정보화 사회, 무한 경쟁사회에 능동적으로 대처할 수 있는 사람을 기르기 위해서는 무엇보다 창의력, 비판적 사고력, 유연성 있는 문제해결력, 정보를 효율적으로 분석하고 종합할 수 있는 능력 등이 요구된다. 그러므로 많은 지식을 암기하여 그에 따라 주어진 문제를 해결하는 하위정신능력이 아니라 스스로 문제를 발견하고 정보를 창출하는 고등정신능력이 학교교육에서 강조되어야 한다.

그동안 우리의 교육이 이러한 고등정신능력의 신장에 얼마나 기여했는지는 다시 생각해야 할 시점에 있으며, 실제로 이러한 문제의식을 바탕으로 최근에는 우리나라 초·중·고등학교뿐만 아니라 대학에서도 문제해결력의 함양에 지대한 관심을 보이고 있다. 2000년대에 들어서, 대학에서는 급속하게 발전하는 최신 이론과 지식을 효과적으로 교육하기 위해서 새로운 교과목을 개발하고 효과적인 교수–학습 방법을 연구하기 시작하였다(한국학

14

술진흥재단, 2004). 학교관계자들이나 교육학자들은 강의위주의 암기식, 강사중심, 교과서 중심의 수업방식으로는 21세기 지식·정보화 사회가 필요로 하는 창의력이나 문제해결력을 비롯한 고등정신능력을 함양하는 데에 어려움이 있다는 것을 인식하고, 그 대안으로 교육과정을 개선하고 새로운 학습전략을 모색하고 있다. 새로운 학습전략 중의 하나가 문제중심학습(Problem-Based Learning: PBL)이다.

문제중심학습은 복잡한 실제 세계의 맥락 속에서 비구조화 된 문제를 제시하여 의미 있는 해결방법을 찾아내게 함으로써 교과 지식과 기술뿐만 아니라 문제해결전략을 동시에 가르치는 교육과정이며 교수전략이다(Scheiman, et al., 1989). 문제중심학습은 1960년대 중반 Barrows에 의해 캐나다의 McMaster 의과대학에서 처음 실시되었고, 그 후 구성주의 학습관과 더불어 북미 전 지역을 거쳐 전 세계로 퍼져나갔다. 구성주의 학습관에 의하면, 학습이란 학습자의 인지구조의 계속적인 변화이며, 이 변화에는 단순한 양적 변화뿐만 아니라 질적 변화도 포함된다. 경우에 따라서는 문제의 답을 가르치기보다는 문제를 해결하는 방법을 가르치는 것이 더욱 강조된다. 구성주의 입장에서 교수-학습의 목적은 전통적으로 중시되어 왔던 지식을 가르치고 배우는 것이 아니라, 개별 학습자가 좀 더 조직적이고 체계적인 인지구조를 가질 수 있도록 도와주고 격려하는 것이다.

2002년 현재 미국 내 125개 의과대학이 교육과정에 문제중심학습 요소를 포함하고 있으며, 대부분의 수의과대학에서도 문제중심학습을 수업방법으로 활용하고 있다(조연순·우재경, 2003, 재인용; Lambros, 2002). 최근에는 의학 분야에서 뿐만 아니라 경영,

교육, 건축, 법학, 공학, 경제 및 사회사업분야에 이르기까지 다양한 분야에서 전문적인 프로그램으로 사용되고 있다(Cordeiro & Campbell, 1996). 이와 같은 경향은 우리나라에도 영향을 주어 2000년대에 들어서 초·중·고등학생을 대상으로 하는 문제중심학습 연구가 활발하게 진행되고 있으며(최유리, 2003; 송재욱, 2003; 양은실, 2002; 김계숙, 2002; 조연순, 2001), 국내의 42개 의과대학 중에서 39개 의과대학이 정규교육과정에 문제중심학습을 적용하고 있다(영남의대, 2003).

의과대학에서 문제중심학습은 실제 환자를 만나는 것처럼 체계적으로 만들어진 가상의 시나리오를 학생들에게 단계적으로 주어서 학생들이 소집단 토론을 통해 환자를 진단하고 치료 계획을 세우는 과정을 경험하게 하고 그에 필요한 지식을 찾아내어 스스로 공부하게 하는 일종의 교육방법이다. 문제중심학습은 환자의 문제를 맥락으로 활용하여 의과대학 학생들의 문제해결력을 기르고 의학지식을 습득하는 데에 그 목적이 있다. 학생들은 질병이 아니라 환자의 문제를 중심으로 학습하고 자신의 지식과 경험을 중심으로 문제를 해결하며, 토론과 성찰과정을 거치면서 개인 경험의 객관화를 통해 지식의 전이를 경험한다(Albanese & Mitchell, 1993). 이는 수동적인 암기위주의 전통적인 의학교육의 방식과는 완전히 반대되는 것으로서 지식기반이 없는 학생들을 임상적 상황에 조기 노출시키는 것이 의학 지식을 익히는데 더욱 효과적이라는 논리를 담고 있다(박은경, 2003).

장차 의사가 될 의과대학생들에게 요구되는 능력은 매우 다양하다. 예컨대, 실질적인 임상수기(clinical skills)뿐만 아니라 여러 학과목에서 얻은 다양한 지식과 정보를 종합하고 응용할 수 있는 능력과 또한 다른 여러 분야의 사람들과 협동하여 문제를 해결하는 능력이 그것이다. 따라서 단순한 지식 전달과 암기 위주의 교육은 의과대학의 교육이 목표로 하는 의사상과는 동떨어진 교육이라고 볼 수 있다. 의과대학은 배운 지식과 얻어진 정보를 종합하고 이에 따라 환자를 치료하는 의사를 양성하고, 의학발전을 위해 기여할 연구자나 교육자를 배출하며, 평생 자기개발을 할 수 있는 평생학습자로서의 의사를 양성하는 것을 목표로 하고 있다(의학교육위원회, 1996). 따라서 필요한 지식과 정보 그리고 기술을 스스로 찾아내어 문제를 해결하는 능력을 갖도록 유도하는 교육으로의 개혁이 불가피하다.

지금까지 전통적인 의학교육은 학생들의 단편적인 의학지식이나 단순한 기술 습득 정도를 평가하는데 그쳤으며 학생들의 문제해결력이나 탐구력, 임상수기능력, 협동학습능력, 자기주도능력 등을 평가하는 데에는 소홀했다는 지적을 받아왔다(이수곤 외, 2004; 한국의과대학장협의회, 2000). 대부분의 의과대학은 적게는 40여명에서 많게는 200여명의 학생들을 대상으로 주로 강의를 통해서 지식이나 의학정보를 전달하며, 학생들은 수동적으로 이를 받아들이고, 시험을 위해 강의록을 암기하고 끝내는 하루살이 식의 교육을 당연한 교육으로 여겨왔다.

의과대학에서는 객관적이고 신뢰로우며 시험 시행에 있어서 매우 효율적이라는 점에서 학생평가 방법으로 선다형 지필식 평가방법을 선호하여 왔다. 선다형 지필시험이란 지식을 사용하여 주어진 제한된 답지 중에서 정답을 택하도록 요구하는 평가방식을 의미한다. 이 방법은 비교적 적은 비용과 짧은 시간 안에 광범위한 영역의 학습목표에 대한 성취도를 파악할 수 있도록 해주며, 답지대신 OMR 카드 등을 사용하여 컴퓨터로 채점하거나 결과를 보고할 수 있도록 함으로써 많은 학생들을 대상으로 하는 대단위 시험에서 쉽게 사용할 수 있다는 장점이 있다. 그러나 선다형 평가방식은 단 하나의 정답만을 인정하기 때문에 가능한 다양한 정답을 존중하지 못하고, 교수-학습과정을 개선하고 지도 조언하기 위한 정보를 얻거나 창의성이나 문제해결력 등 고등정신능력을 신장시키기가 어렵다는 것을 포함한 여러 가지 문제점들이 지적되고 있다(백순근, 2002). 이러한 선다형 평가방식의 문제점을 극복하기 위한 하나의 대안으로 제시될 수 있는 것이 문제중심학습에서의 평가(assessment in problem based learning)라고 말할 수 있다. 문제중심학습에서는 학생 개개인이 주어진 문제를 어떻게 인식하고 있으며 문제해결을 위하여 어떤 전략을 선택하는지 등을 평가한다. 또한 지식을 측정할 때에도 사실들 간의 관계, 원리, 절차, 신념 등을 종합적으로 사정해야 한다고 본다.

학교 현장에서 문제중심학습은 과다한 학생수, 문제중심학습에 대한 인식부족, 튜터 동원의 어려움, 시간과 예산 부족 등의 여러 가지 어려움으로 인해 제대로 실시되지 못하고 있는 형편이다(채수진 외, 2003; 정동화, 2002). 특히, 문제중심학습이 제대로 활성화되지 못하는 여러 가지 이유 중에서 가장 큰 문제로 지적할 수 있는 것은 평가의 타당성과 신뢰성 문제이다. 문제중심학습의 평가는 선다형 지필시험에 비해 채점 결과의 객관성과 일관성이 떨어진다는 것이다. 선다형 문항에서는 채점이 거의 기계적으로 되기 때문에 채점의 일관성을 유지하기가 수월하지만, 문제중심학습에서는 '누가 채점하였는가' 하는 것이 평가 결과에 크게 영향을 미치기 때문이다. 여러 개의 소집단 수업으로 이루어지는 문제중심학습에서 평가자 간의 관대함의 차이는 평가 결과에 많은 영향을 미치기 때문에 상대적으로 엄격한 평가자에 의해 평가된 학생은 다른 집단의 학생보다 낮은 점수를 받게 되어 채점의 공정성을 의심받게 된다. 따라서 문제중심학습의 성공 여부는 평가 점수가 평가자의 주관적인 성향에 따라 부당하게 높거나 낮아지지 않고 시험에서 원래 측정하려고 의도했던 능력의 차이에 의해서만 결정될 수 있도록 타당하고 신뢰 할 수 있느냐에 달렸다고 해도 과언이 아니다.

문제중심학습의 평가는 기존의 객관주의의 접근에 의해 이루어지기 보다는 구성주의 접근에서 문제중심학습의 목적에 맞는 평가가 이루어져야 한다. 문제중심학습이 학생으로 하여금 실제적인 상황에서 습득한 의학적 지식을 좀 더 효율적으로 적용하고 스스로 의사결정을 할 수 있는 고등정신능력을 함양하는 데에 그 목적이 있다면, 학생에 대한 평가방법 또한 이러한 목적에 부합한 형태로 고안되고 적용되어야 할 것이다. 이를 위해서는 문제중심학습의 평가의 해석과 이용을 타당화 하는 방법을 잘 이해하고 이를 적절히 이용하는 것이 매우 중요하다고 본다.

본 연구는 문제중심학습의 평가주체와 평가방법의 다양한 시도들에 대한 평가 점수를 비교하여 평가의 타당성과 신뢰성을 검증하는 데에 그 목적이 있었다. 구체적으로 연구 내용을 말하면, 먼저 문제중심학습에서 평가주체, 예컨대 튜터, 학생자신, 동료 간의 평가 점수에 대한 일치도를 살펴보고, 평가주체별 평가의 특징이 무엇이며, 선다형 지필시험과 같은 학업성취도와 어떠한 관련이 있는지를 알아보았다.

다음으로, 문제중심학습에서의 평가방법, 예컨대 튜터평가, 개

넘도, 성찰일기의 점수들의 일관성를 살펴보고, 평가준거와 선다형 지필시험 점수와의 상관관계를 알아봄으로써 평가방법들의 타당성을 검증하였다.

마지막으로, 소집단 토론수업으로 진행된 문제중심학습에서 조별 간 튜터들의 점수를 서로 비교하여 학생평가의 문제점을 찾고 그 해결방안을 모색하였으며, 동일한 학생을 서로 다른 튜터가 평가했을 경우, 튜터 간의 점수가 어느 정도 일치하는지를 알아보았다.

2. 연구의 문제 및 가설

연구 목적을 달성하기 위해서 연구의 문제와 가설을 제시하면 다음과 같다.

1) 문제중심학습에서 평가주체(튜터, 학생자신, 동료) 간의 점수는 서로 상관관계가 있는가?

　(1) 튜터평가, 자기평가, 동료평가 각각의 점수는 상관이 있을 것이다.

　(2) 튜터평가, 자기평가, 동료평가 각각에 영향을 미치는 평가준거(토론참여도, 의사소통력, 문제해결력, 정보수집력, CUG참여도)는 서로 다를 것이다.

　(3) 선다형 지필시험 점수에 따라 튜터평가, 자기평가, 동료평가의 점수가 다를 것이다.

2) 문제중심학습에서 평가방법들(튜터평가, 성찰일기, 개념도) 간에는 서로 상관관계가 있는가?

   (1) 튜터평가, 성찰일기, 개념도 각각의 점수는 상관이 있을 것이다.

   (2) 튜터평가, 성찰일기, 개념도와 평가준거 점수는 서로 상관이 있을 것이다.

   (3) 문제중심학습에서의 평가방법들과 선다형 지필시험 점수 간에는 차이가 있을 것이다.

3) 튜터 간의 점수는 일관성이 있는가?

   (1) 조별 간 튜터평가 점수는 일관성이 있을 것이다.

   (2) 조별 내 튜터평가 점수는 일관성이 있을 것이다.

3. 용어의 정의

모듈(module)

  문제중심학습에서 모듈은 실제 환자의 병록을 바탕으로 제작한 것으로 학생들의 자유로운 학습과 탐구를 유도할 수 있도록 제작한 자료를 말한다. 모듈은 학생들이 마치 모듈 속의 환자와 마주 앉아 환자를 직접 진료하는 것과 같은 체험을 할 수 있도록 만든 일종의 모의훈련 자료라고 할 수 있다.

임상적 추론 과정(clinical reasoning process)

백과사전 식의 의학지식을 아무리 많이 알고 있더라도 정확하고 효율적으로 활용할 수 있는 문제해결력이 없는 한 그것은 유용한 것이라고 할 수 없다. 종합적인 문제해결의 과정을 임상적 추론 과정이라고 한다. 임상적 추론 과정은 첫째, 문제의 개념 잡기 둘째, 다양한 가설 설정 셋째, 탐색적 질문 넷째, 자료 분석 다섯째, 문제의 종합 여섯째, 반복 및 가설의 우선순위 도출 등 6단계로 나눌 수 있으며 '귀납－연역적' 추론 과정의 하나이다.

튜터(tutor)

문제중심학습에서 튜터는 강의식 교수법에서 지식의 전달자인 전통적인 교수자(lecture)와는 달리, 안내자, 인도자, 촉진자, 상담자, 모델, 인지적 도제, 조력자, 관리자 등 여러 가지 이름으로 불린다. 가장 보편적인 튜터의 정의는 문제중심학습을 구성하는 소집단 학습과 자율학습이 원활하게 이루어지도록 촉진하는 사람으로 대체로 촉진자와 동의어로 쓰인다.

개념도(concept mapping)

개념도는 구조적인 네트워크의 형태로 새로운 지식을 학생들에게 제시하며, 학생들로 하여금 새로 배운 지식을 스스로 구조화하게 하는 수단이다. 개념도는 개념들과 여러 개의 개념들이 유기적으로 연결되어 있는 명제들에 대한 구조를 탐구하는 것이다. 개념도는 특별한 주제에 관해서 학생 개개인의 사고과정을 밝힐 수 있다는 특징이 있다.

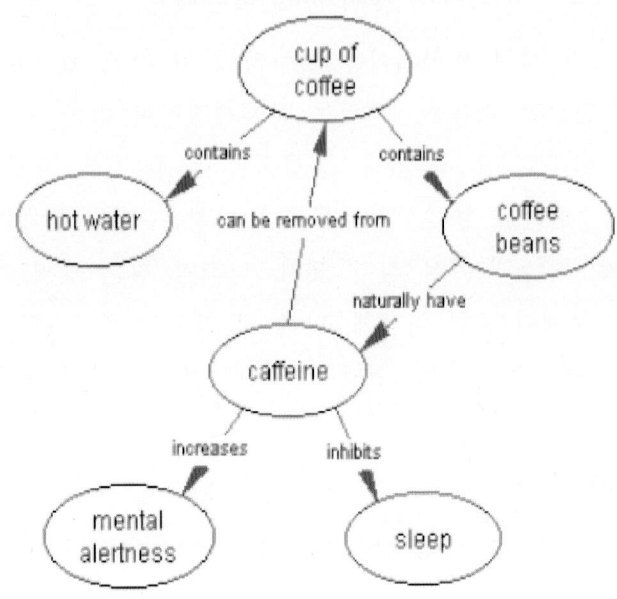

성찰일기(reflective journal)

성찰일기는 자신의 개인적인 생각을 적는다는 점에서 일기 (diary)와 비슷하지만 글의 내용이 개인적인 차원에서 그치는 것이 아니라 전문가로서의 차원에서 생각을 담는다는 점에서 차이가 있다. 성찰일기는 저자 자신에 대하여 자신이 무엇을 알고 있는지, 자신이 무엇을 느끼는지, 자신이 무엇을 하고 있는지, 그리고 자신이 그것을 왜 하는지 등을 성찰하기 때문에 반성적 사고를 기르는 데에 크게 도움이 된다.

폐쇄이용자그룹(closed user group: 이하 CUG라고 칭함)

CUG는 자료정보 공유나 학습과제 제출을 온라인상에서 할 수 있는 폐쇄이용자그룹을 말한다. 서울의대에서는 CUG를 별도로 만들어서 자신이 속한 학생들과 튜터만이 이용할 수 있는 온라인 장소를 개발하여 사용하고 있다.

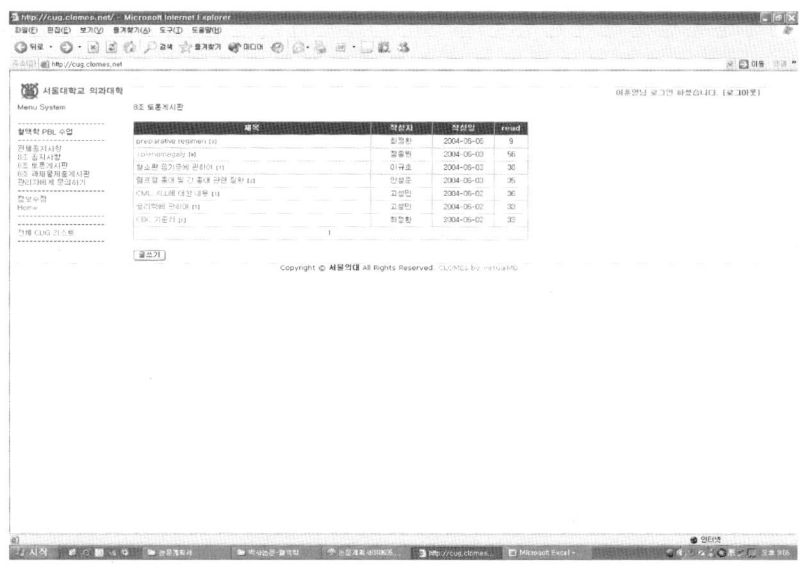

4. 연구의 제한점

1) 본 연구에 이용된 표본이 한 의과대학이라는 상대적으로 특수한 환경으로 구성되어 있으므로 본 연구의 결과가 일

반적인 문제중심학습을 대표한다고 결론내기가 어려울 수 있다.

2) 본 연구는 여러 가지 문제중심학습의 전개방식 중에서 의학 분야의 문제중심학습 전개방식에 근거를 둔 Barrows의 수업진행방식을 채택하였으므로 다른 분야의 문제중심학습에 적용하기에는 어려움이 있을 수 있다.

3) 문제중심학습을 도입한 대부분의 대학들이 각 대학의 형편에 맞는 평가도구를 개발하여 활용하고 있으며 튜터평가의 경우 도구의 평가준거나 점수산출기준이 다양하다. 본 연구에 사용된 평가준거나 점수 산출 기준 또한 한 의과대학에 국한되었다는 점에서, 본 연구의 결과를 다른 분야의 대학이나 초·중등학교의 문제중심학습에 적용시키는 데에는 무리가 있을 수 있다.

Ⅱ. 이론적 배경

1. 문제중심학습의 개념

최근에 학습과정에서 학습자의 능동성과 자기주도성이 강조되면서 학습자 중심의 학습 환경을 구축해야 한다는 주장이 활발하게 제기되고 있다(송해덕, 1998). 이러한 주장은 구성주의 이론에 근거를 두고 있는데, 문제중심학습은 구성주의의 이론을 충실히 반영하고 있는 수업방법이라고 할 수 있다. 그러나 문제중심학습을 도입한 McMaster 의과대학의 도입 목적은 기존의 의학교육의 부실성과 비현실성을 극복하려는 것이었다. 즉, 문제중심학습은 교육현장의 필요에 의해 개발되었으며, 구성주의의 이론적 성원을 받아 '재발견'된 것이다(신좌섭, 2004; 오만록, 1999). 이후, 문제중심학습은 구성주의 수업방법의 대표적인 모델로 그 위상을 지니게 되었다. 문제중심학습은 학습자로 하여금 주어진 문제나 과제에 대한 해결안이나 자신의 견해 등을 형성하여 제시하고 설명하게 하며, 나아가 그것을 방어할 수 있는 능력을 함양하는 데에 그 목적이 있다.

본 절에서는 문제중심학습의 정의와 특징을 정리하고, Barrows의 문제중심학습 모형을 적용·발전시킨 서울대학교 의과대학의 사례를 중심으로 문제중심학습의 진행과정을 살펴보았다.

1) 정의 및 특징

문제중심학습은 다양한 분야에서 다양한 방식으로 실시되어서 간결하게 합의된 정의를 찾기가 쉽지 않다(Barrows, 1986). 초등학교에서 실시하는 문제중심학습과 의과대학에서의 문제중심학습은 다를 수밖에 없으며, 의과대학이라고 하더라도 어떤 곳에서는 전통적인 교육과정을 고수하면서 문제중심학습을 부분적으로 도입하고 있는 반면(박은경, 2003; 허예라, 2000), 다른 의과대학에서는 교육과정 전체를 문제중심학습으로만 구성하는 등 다채로운 방식으로 응용되고 있다(김주희, 2004).

Barrows와 Tamblyn(1980)은 문제중심학습을 '문제에 대한 이해나 해결책을 향한 활동의 과정으로 초래된 학습'으로 정의한다. 문제중심학습은 문제를 이해하거나 해결하려는 일련의 노력의 결과로 발생하는 학습으로서 학습자들은 학습과정의 처음부터 문제에 직면하고, 이 때 학습과정에 제시되는 문제는 문제해결력이나 추론능력의 적용과 문제해결에 필요한 지식 습득을 위한 자극으로서의 역할을 한다. Schmidt(1994)는, 문제중심학습은 '학생들이 튜터의 관리 하에 소집단으로 문제를 다루는 교수-학습 접근'이라고 정의한다. 대부분의 경우, 문제는 현실에서 관찰되는 일련의 현상이나 사건에 관한 기술로 구성되며 튜터리얼 집단은 이 현상이나 사건을 저변의 원리 또는 과정에 근거하여 분석하고 해석해야 한다.

문제중심학습을 교수방법의 측면에서 정의한 Albanese와 Mitchell (1993)은 문제중심학습을 학생들이 문제해결기능을 배우고 기초 및 임상의학지식을 획득하는 맥락으로 환자의 문제를 활용하는 것을 특징으로 하는 교수방법이라고 정의하고 있으며, 이와 비슷한 방식으로 Levin(2000)은 학습자가 실제 생활에서 접하는 문제에 대해서 내용지식, 비판적 사고, 문제해결력을 적용하도록 장려하는 교수방법이라고 정의한다. Eggen과 Kauchak(2001)은 문제중심학습은 문제해결력과 내용을 가르치고 자기주도적 학습을 위하여 설계된 교수전략이라고 정의하고 있는데, 이는 단순한 하나의 교수전략이 아니라 문제해결수업, 탐구수업, 프로젝트중심수업, 사례중심수업 등을 포함한 광범위한 교수전략군을 의미하는 것으로 볼 수 있다.

  문제중심학습의 목적에 대해서도 연구자마다 그 강조점이 다르다. 예를 들어, Hsu(1999)는 메타인지와 자기주도 학습능력, 비판적 사고능력과 문제해결력, 협동학습능력, 지식의 획득과 보유 및 사용, 동기유발과 긍정적 태도의 함양을 문제중심학습의 목적이라고 하였다. 최성희와 이인경(1999)은 문제중심학습의 목적이 자기주도 학습 능력의 증진, 상호 협동학습방법의 습득, 학습동기의 지속, 실생활에로의 전이에 있다고 하여 지식보다는 자기주도성, 협력, 동기, 전이를 강조하였다. 또한 조연순과 우재경(2003)은 듀이의 교육이론을 언급하면서 문제중심학습은 지식의 습득과 활용, 문제해결력, 본질적 흥미, 자기주도 학습능력, 협동학습능력 등의 함양을 목적으로 한다고 보았다. Maudsley(2002)는 문제중심학습이 교육과정 전반에 걸친 방법이자 철학으로서 상황, 관련성, 동기를 제공하는 문제의 전개 틀 속에서 지식을 획득하고 구조화하는 것을 목적으로 하며, 통합적, 비판적, 성찰적 사고와 즐거움을 토대로 소집단 학습과 자율학습을 통해 그 목적을 달성하고, 지식을 보다 쉽게 이해하고 효율적으로 응용할 수 있는 능력을 기르는 특징을 갖고 있다고 하여 '철학'으로서의 측면에 주목하였다. 이상의 내용을 토대로 하여 학자별로 문제중심학습의 목적을 정리하면 <표 Ⅱ-1>과 같다.

<표 Ⅱ-1> 문제중심학습의 목적

	Hsu	Maudsley	조연순 외	최성희 외
정보수집 및 처리능력			○	
학습에의 동기 지속	○	○		○
문제해결력 및 의사결정력	○	○	○	
자기주도 학습능력	○	○	○	○
비판적 사고능력	○	○	○	
협동학습능력	○		○	
지식습득, 보유, 사용능력	○		○	○
사회 환경에의 적응력			○	
실생활에의 전이력				○
긍정적 학습태도	○	○		
메타인지	○			

의학교육에서 강조되고 있는 고등정신능력은 문제해결 및 의사결정력, 메타인지, 의사소통능력, 자기주도 학습능력, 협동학습능력 등으로 구분할 수 있다. 문제해결 및 의사결정력에서는 가설의 설정과 자료수집 및 분석, 결론의 과정 등이 강조된다. 학생들은 문제중심학습을 통해서 의학지식을 구조화하고 조직화해서 임상에 접했을 때에 유용하게 활용할 수 있는 능력을 갖추게 된다. 학생자신이 자기의 인식과정과 그 과정에서 나타난 결과를 총괄적으로 고찰할 수 있는 능력을 메타인지(meta cognition)라고 한

다. 문제중심학습에서는 메타인지와 같은 고등정신능력이 필수적이다. 의학지식을 스스로 연마하고 향상시킬 수 있는 능력을 총체적으로 고려한다면 문제중심학습은 메타인지를 기르는데 매우 효율적인 학습방법이다. 이때 학습자의 능동적이고 독창적인 정신작용이 함께 요구된다. 문제중심학습에서 요구되는 능력이라는 것은 '새로운 상황에 직면했을 때 단순한 암기나 과거에 자기가 행동했던 방법을 넘어서서 독창적으로 문제를 해결하려고 하는 정신작용 즉, 새로운 상황이라는 다원적인 문제에 당면했을 때 이를 해결하기 위한 제반 정신적 작용'을 말한다(Norman 1989).

이 밖에도 문제중심학습에서는 최선의 자원을 효율성과 접근성의 측면에서 적절히 형성하는 것과 결정된 자원에 대해서 적절히 활용할 수 있는가가 중요하다. 학생들은 문제중심학습과 같은 소집단 토론수업을 통해 협동심을 기르고 의사소통능력을 함양할 수 있다.

이상의 내용을 토대로 하여, 의과대학 문제중심학습을 통해서 학생들이 함양할 수 있는 능력을 그림으로 나타내면 [그림 Ⅱ-1]과 같다.

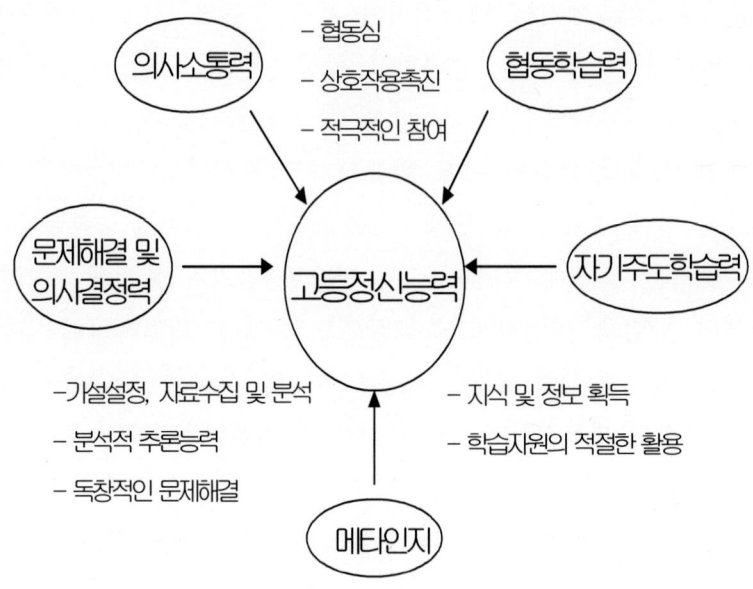

[그림 Ⅱ-1] 의과대학 문제중심학습에서 요구되는 능력

Barrows(1996)에 따르면, 문제중심학습은 첫째, 학습자를 중심으로 둘째, 소집단 내에서 일어나며 셋째, 튜터는 촉진자 또는 안내자의 역할을 하고 넷째, 학습의 자극제로 문제가 사용되며 다섯째, 자기주도 학습이 강조된다는 특징을 가진다. 문제중심학습의 다섯 가지 특징을 중심으로 구체적인 내용을 살펴보면 다음과 같다.

첫째, 문제중심학습은 학습자 중심이다. 문제중심학습은 '교수'에서 '학습'으로의 전환으로부터 출발한다. 학습자는 문제해결자로 학습에 참여하게 되는데, 좋은 해결책을 위해 필요한 조건과 근본 문제를 확인하며 필요한 많은 정보들을 직접 다루면서 의미와 이해를 추구하고 학습에 대한 상당한 책임을 맡는다(조연순·

우재경, 2003). 학습자 자신의 학습이 '얼마나', '어떻게' 이루어
졌는지 그리고 '무엇이' 앞으로 더욱 필요한지를 스스로 인식하고
깨달아야 하는데, 이는 단지 학습의 효과 측면에서 뿐만 아니라
스스로에게 비강압적인 방법에 의한 학습의 내재적 동기부여라는
측면에서도 중요하다.

　문제중심학습의 수업에 대한 동기부여와 관련하여 그 효과를 검
증한 연구들이 이를 입증해 준다(Nowak, 2001; Savoie, 1995).
의과대학생을 대상으로 문제중심학습의 효과를 연구한 김주희 등
(2004)은 문제중심학습 수업으로 인해서 학습자 자신이 수동적인
입장에서 벗어나 능동적이고 적극적인 자세로 변화하였음을 제시
하였다.

　둘째, 문제중심학습은 협동학습을 강조한다. 문제중심학습에서 학
습활동은 크게 집단학습과 개별학습으로 구분되는데(강인애, 1999),
구체적인 문제해결과정은 문제제시, 자기주도학습, 협동학습, 일반
화, 성찰 등의 단계를 거친다. 문제중심학습에서는 특히 소그룹 활
동을 통한 협동학습이 강조된다. 먼저, 학습자들이 문제를 받으면
다같이 모여서 문제에 대한 해결안과 관련된 생각을 다시 세분화하
여 개개 학습자에게 자율적 학습시간에 다루게 될 학습과제를 부여
하게 된다. 이어서 학습자들은 개인적으로 자율적 학습과정을 통해
서 부연된 과제를 완수하며 다시 모두 모여 자신의 생각을 다시 정
리를 한다. 이후 협동학습과정을 통해 제시되었던 문제해결과 관련
된 많은 생각이 수정되고 결국, 처음과 비교해 볼 때 질적으로 상
당히 발전된 결과를 얻는다.

　협동학습과정을 통해 다른 사람들의 다양한 견해와 관점을 접
하게 됨으로써 개인이 지닌 사고의 영역과 범주 그리고 관련분야

에 대한 전문 지식을 넓히고, 나아가 모든 사회현상과 문제는 단일한 해결책으로 설명될 수 없다는 상대주의적 관점을 익힐 수 있는 것이다(오만록, 1999).

신좌섭(2004)은 의과대학 문제중심학습에서 학습자들이 경험하는 협동학습의 효과를 검증하였는데, 내용효과에는 토론과 상호작용을 통해 촉진된 깊은 이해, 다른 학습자의 시각을 빌려서 얻은 다각적인 이해, 향상된 논리적 추론능력, 공유된 지식, 공유된 이해 등이 포함되며, 정서효과로는 협동학습의 효율성에 대한 편안함, 안심감, 다양성에 대한 느낌, 자신이 갖게 된 정보와 지식을 공유하려는 경향 등이라는 사실을 양적·질적 연구를 통해서 검증하였다.

셋째, 문제중심학습은 교사의 역할을 '지식 전달자'에서 '학습 진행자'로 전환시킨다(조연순·우재경, 2003). 문제중심학습에서 튜터는 안내자, 인도자, 촉진자, 상담자, 조력자, 관리자 등 여러 가지 이름으로 불린다. 튜터는 문제중심학습을 구성하는 소집단학습과 자율학습이 원활하게 이루어지도록 촉진하는 사람이다. 문제중심학습에서 튜터가 없는 집단에서 학습한 학생들은 튜터가 있는 집단에서 학습한 학생들보다 학습목표를 정의하는데 더 어려움을 겪었다는 연구가 있는데, 이는 문제중심학습이 아무리 학생중심의 학습을 표방하더라도 튜터의 역할은 학생들의 학습이 성공적으로 이루어지지 위한 필수적인 요인이라는 것을 보여주는 것이다(Gijselaers & Schimidt, 1990).

Markert(2001)도 제반 교육상황에 적용될 수 있는 좋은 교수의 요건으로 메타인지적인 코치로서의 역할과 내적인 동기를 유발하는 역할 등을 언급하고 있으며, 훌륭한 교수는 일반적인 다른 교수들보다 상대적으로 말을 많이 하지 않는다는 흥미로운 연구결과도 제시하고 있다. 튜터의 역할이라는 것은 강의자라는 역할에 대조되는 새로운 대안이라기보다는 교수로서의 역할 중 촉진자로서의 측면이 강조되고 부각된 것이라고 할 수 있다.

넷째, 문제중심학습은 '문제'로 시작된다. 문제는 너무 쉽게 해결되거나 특정한 틀에 얽매여 하나의 정확한 답이 구해지는 상황이 아니라 비구조화 되고 미해결의 논점으로 설명을 필요로 하는 일련의 현상군을 의미한다(Torp & Sage, 2002).

Walton과 Matthew(1989)는 문제가 학습을 요구하는 시나리오라는 성격에 주목하며, 특정상황에서 학생들에게 새로우면서 특수한 지식과 이해가 패턴인지와 함께 논리분석 과정에 응용되어야 하는 일련의 환경 조건들이라고 규정하였다. 이러한 문제는 문제중심학습에서 문제해결기능 또는 임상추론능력의 적용과 문제해결에 필요한 지식 습득을 위한 자극으로서의 역할을 한다. 의과대학의 문제중심학습에서 문제란 환자의 증상 등 의학적인 문제뿐만 아니라 환자가 처한 심리적, 가족적, 사회적, 경제적 문제 등을 포괄하는 것으로, 좋은 문제란 임상에서 흔히 접할 수 있는 문제 상황이나 흔하지는 않지만 진단을 놓치면 심각한 결과를 초래하는 문제 상황 또는 에이즈와 같이 사회·경제적으로 심각한 영향을 미치는 문제 상황, 기초의학 분야에서 중요한 개념을 심어줄 수 있는 문제 상황 등을 의미한다(박은경, 2003).

다섯째, 문제중심학습은 자기주도 학습능력이 강조된다. 문제중심학습은 학습자에게 경험 가능한 실제적 문제 상황 제시와 함께 해결자의 역할을 부여함으로써 학습자로 하여금 학습에 대한 주인의식을 갖고 문제를 해결하도록 장려한다. 문제중심학습은 학습자 자신이 무엇을 알아야 하고 무엇을 알고 싶은지를 발견할 수 있다는 사실을 자각하게 하고, 분명한 해답이 없는 상황에서 해결책을 만들기 위해 새로운 정보를 사용할 줄 안다는 사실도 깨닫게 한다. 이처럼 문제중심학습은 자기주도 학습을 위해 필요한 기술을 개발시킬 수 있다. 채수진 등(2004)은 의과대학생을 대상으로 한 연구에서 문제중심학습과 자기주도 학습능력 간에는 상관관계가 있으며, 학습자가 문제중심학습을 하는 동안 자기주도 학습에 대한 준비상태가 높을수록 좋은 학습결과를 가져온다는 것을 제시하였다.

2) 진행 과정

문제중심학습이라고 할 때 그것은 한 가지의 모형만을 갖고 있는 것이 아니다. 문제중심학습은 학자마다 강조하는 요소에 따라 조금씩 차이를 보이고 있다. Barrows가 제시한 모형이 본래 의과대학에서부터 시작했기 때문에 가장 잘 알려졌지만, 그것은 문제중심학습의 과정 중 한 가지에 해당하는 것으로 다른 여러 상황이 주어지면 거기에 맞는 형태의 문제중심학습 과정이 존재할 수 있다.

Burch(1995)는 문제중심학습의 과정을 문제의 확인, 집단 활동, 되먹임(feedback), 학급토의, 기능의 계발, 최종보고 등의 순서로 세분화하였고, Delisle(1997)에 의한 문제중심학습은 문제에 직면하기, 구조설정하기, 문제를 확인하기, 문제를 재확인하기, 수행산출하기, 수행과 문제평가하기 등 여섯 단계로 이루어져 있다. Albritton(1998)은 문제에 대한 정의, 문제의 분석, 가설의 도출, 학습자의 선수경험 및 지식의 확인, 필요한 정보의 확인, 활용가능한 자원의 확인, 새로운 정보의 수집, 새로운 정보의 상호교환, 문제해결의 완성, 문제의 사례요약, 학습된 내용의 새로운 사례에의 적용, 평가 등의 순서로 나누었다. 이상의 내용을 정리하면, 문제중심학습은 공통적으로 첫째, 문제발견 및 정의단계, 둘째, 정보탐색단계, 셋째, 평가단계의 세 단계로 진행된다.

문제중심학습의 목적을 충분히 달성하기 위해서는 문제중심학습의 각 구성요소가 통일적으로 올바른 순서에 따라 진행되어야 한다. 문제중심학습이 진행되는 동안에 학생과 튜터는 문제중심학습의 목적이 무엇인지를 항상 염두에 두어야 한다. 문제중심학습의 진행 과정을 정리하면 [그림 Ⅱ-2]와 같다.

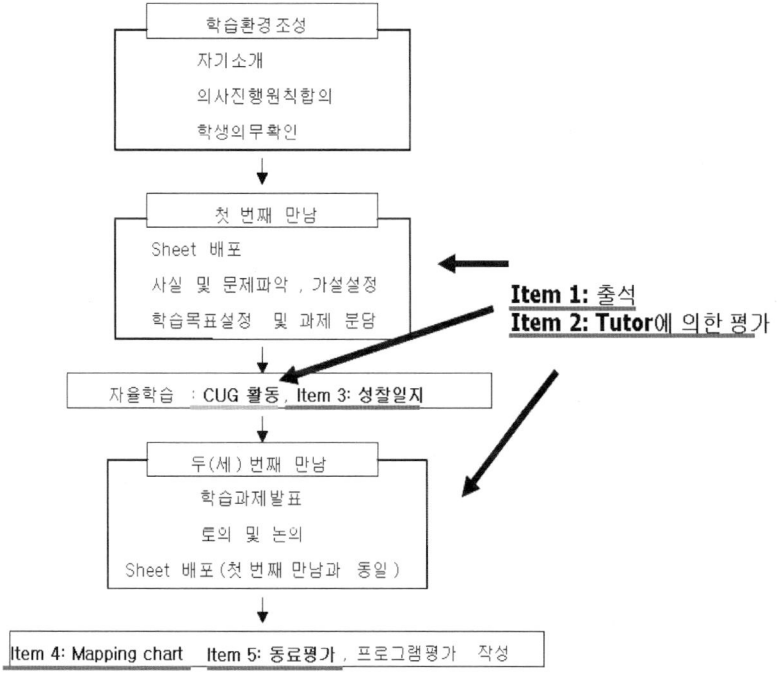

[그림 Ⅱ-2] 문제중심학습 진행 과정 및 평가시기 흐름도

(1) 학습 환경 조성

새로운 소집단이 구성되어 처음 만났을 때에는 자기소개를 시작으로 학습 분위기를 조성하게 된다. 소집단에 속한 학생들이나 튜터가 동일하게 유지되면서 새로운 모듈을 다루는 경우는 이와 같은 과정을 생략하거나 간소화 한다.

① 자기소개

학생들은 각자 자신의 배경, 출신학교, 취미, 의과대학에 진학한 이유 등을 소개한다. 자기소개는 각 학생들이 자기 자신을 하나의 인격체로 확인하게 하고 공동의 관심사를 발견하게 하며 집단 내에서 정보와 전문성의 자원을 알게 해준다. 튜터도 같은 방법으로 자신을 소개한다.

> 안녕하세요. 저는 김철수구요. 고향이 경북 상주거든요. 초등학교 때 전학을 와서 지금은 서울에서 살고 있구요. 좋아하는 것은 바둑이랑 오목이구요. 음식 중에서 고기를 잘 안 먹는데 학교 식당에서 고기가 나와서 죽겠어요. 좋아하는 과목은 생화학입니다.

② 의사 진행원칙 합의

본격적인 수업을 시작하기 전에 자유로운 의사표현의 분위기가 이루어지도록 최대한 노력을 해야 한다. 예를 들면, 잘못되거나 틀린 의견에 대한 비난을 하지 않는다든가, 어떤 이야기라도 언제든지 할 수 있다 등의 합의가 이루어져야 한다.

형우: 모두의 이익과 공리를 위해서 서기는 경험이 있는
　　　사람이 하시구요. 사회는 좀 다른 분이 하시는 것이
　　　어떨까요? 경험이 부족한 분이 하셨다가……의지와
　　　다르게 수업을 그르칠 수가 있으니까……(침묵)

철수: 장형우를 추천합니다.

기영: 전 장현이를 추천합니다.

튜터: 음……형우랑 장현이가 추천 나왔고……더 추천 없어?

형우: 전 장현이가 했으면 좋겠는데요……왜냐면, 냉정한
　　　사고와 판단 잘하고 이성적인 사고를 평소에 잘하기
　　　때문에……(학생들 와~ 하는 함성과 함께 웃는다)

튜터: 투표로 하는 것이 우스울 지도 모르니까……여러분
　　　이 결정하죠.

장현: 그럼 서기는……제가 할게요.

③ 학생 의무 확인

　문제중심학습의 취지를 충분히 살리기 위해 학생들은 다음과
같은 사항에 대한 의무를 갖는다. 첫째, 모든 학생은 토론에 골고
루 참여해야 한다. 둘째, 토론의 주체는 학생이며 튜터에 의존해
서는 안 된다. 셋째, 자기 자신과 동료에 대해서 평가 한다 등이
그것이다. 튜터는 이와 같은 의무 사항이 제대로 이행될 수 있도
록 학생들을 도와야 한다.

기영: 자유롭게 말하되, 의견이 없을 경우 사회자의 권한
　　　으로 지시하여 시키는 것이 어떨까요?

형우: 발언을 자유롭게 하는 것으로 하고 발언을 적게 하
　　　는 사람은 지적해서 하는 것으로 하죠.

튜터: 그럼 누가 지적하지?

형우: 사회자요.

은경: 학생의 의견을 끝까지 들어주는 것이 어떨까요?

(2) 첫 번째 만남

학생들과 튜터가 자기소개를 마치고 의무사항을 확인하는 등
어느 정도 학습 분위기가 조성되면 본격적으로 수업을 시작한다.
이 단계에서는 먼저 제시된 모듈의 사실, 문제, 가설을 차례대로
도출하고 학습목표 및 학습과제를 설정한다. 이때 튜터는 소집단
활동과 문제해결 정도를 평가한다. 말하자면, 토론에의 적극성이
라든지, 진행에 도움이 되는 발언을 했는지, 다른 학생들의 이야
기를 예의바르게 경청했는지 등을 평가한다. 그리고 문제해결 측
면에서 튜터는 학생들이 문제를 다각적으로 분석을 하는지, 논리
적으로 가설을 도출하는지를 함께 평가한다.

① 사실 및 문제 도출

학생들에게 '문제'를 제시하는 목적은 그 문제를 반드시 해결하
도록 하기 위한 것도 아니며, 관련된 해부학, 생리학, 행동과학
또는 생화학 과정을 정확히 이해하도록 하기 위한 것도 아니다.
'문제'는 추론 능력 다시 말하면, 문제해결력을 기르기 위한 단서
로서 제시되는 것이다. 사실에서 문제를 도출하는 과정은 어떠한
경우에는 단독으로 문제가 될 수 있지만 다른 경우에는 몇 가지
사실들을 종합할 때 문제가 될 수 있다. 예를 들어 '토혈'과 '검은
변'이라는 사실을 종합하여 '위장관 출혈'이라는 문제를 도출할
수 있다.

② 가설 설정 및 수정

　가설은 환자에게서 파악한 문제들을 해결하기 위한 그럴듯한 답을 제시하는 것을 말한다. 가설을 세울 경우에는 이미 알고 있는 과학적 지식 및 과거의 경험을 통하여 가장 근접한 답을 유도해야 한다. 가설은 새로운 사실을 예측할 수 있어야 하며, 경험적·실증적으로 검증될 수 있어야 한다. 가능한 모든 가설을 열거한 후에는 각각에 대한 토론을 전개하여 그럴듯한 것을 고르도록 한다. 가설은 '○○문제는 ○○이 원인일 것이다'라는 식으로 제시한다.

③ 학습목표 제시

　수업이 진행되는 동안 환자의 상태를 이해하기 위해 좀 더 알아야 할 학습내용들이 추려진다. 일단 학습목표가 작성되면 추가로 더 알아야 할 것은 없는지, 리스트에 나열된 것들이 환자를 이해하기 위해 모두 필요한 것들인지 등을 다시 검토해야 한다. 최종 학습목표는 학생들이 결정하는 것이지만 문제중심학습에 익숙하지 않은 집단의 경우에는 튜터가 각 학습목표의 타당성에 대한 의문을 제기함으로써 학생들로 하여금 학습목표 설정에 신중을 기할 수 있도록 유도하고, 궁극적으로는 학생들끼리 합리적인 학습목표를 결정하는 습관을 길러주어야 한다.

　　(3) 자율학습

　학생 개개인은 자신이 맡은 학습과제에 대한 '전문가'로서 동료들에게 양질의 정보를 제공할 수 있도록 책임감 있는 자세로 자율학습에 임해야 한다. 학습목표가 문제중심학습의 목적에 부합하는지를 확인하고 학습자원을 충분히 활용하여 자신이 맡은 학습과제를 조사한다. 학습자원의 종류로는 교과서, 단행본, 지침서, 의학잡지, CD-Rom, 인터넷, 인체모형, 표본, 방사선자료, 비디오, 각 분야의 전문가, 선배 등이 될 수 있다. 학생들은 정보를 얻는 과정에서 도서관 이용법과 전자저널 찾는 법, 인터넷 활용법 등을 익힐 수 있다. 이때 튜터는 학생들의 자기주도 학습능력을 평가한다. 여기서 자기주도 학습능력은 수업 중에 결정된 학습과제를 충실하게 CUG에 게시했는지, 다양한 정보를 수집하고 활용했는지, CUG에서 활발한 토론을 하는지 등을 의미한다. 아래의 사례와 같이 튜터는 CUG에 자신의 의견을 올릴 수 있다.

여러분들의 학습과정에서 우리나라 교육과정이 토론에 익숙지 않은 관계로, 매끄럽지 않은 면도 있었으나 열성을 보여주셔서 감사합니다. 아래에 몇 가지 개선하였으면 하는 개인적인 생각들을 나열하겠습니다.

1. 토론의 방법은 순서에 따라 균등하게 하는 것이 좋을 것 같습니다. 토론 문화에 익숙한 상황이라면 자유발표가 의외로 좋겠지만 우리와 같은 상황에서는 혼합형이 필요할 듯합니다.
2. 학습 중 단순 어휘는 사전을 이용하여 학습 현장에서 이해하도록 하는 것이 좋을 것 같습니다.
3. 문헌고찰은 가능한 전문 서적을 이용하시고 인터넷의 일반인을 위한 사이트에 나타난 자료는 피하여 주십시오. 여러분들은 의료에 관한 한 일반인이 아니며, 이미 준 전문가이기 때문입니다.

4. CUG에 적극적으로 자료를 올려 정보를 교환하도록
   하십시오. 쉽지 않지만 전문가가 되어 가는 여러분들
   의 학습과정을 여러분들이 능동적으로 즐길 수 있기를
   바랍니다.

(4) 두(세) 번째 만남

자율학습을 통해서 자신이 공부해온 학습 과제를 5-10분 정도 발표를 한다. 이때 튜터는 가치 있는 학습자원을 이용하여 공부를 하였는지를 평가하게 된다. 수업 진행은 첫 번째 만남과 동일하게 진행된다.

① 학습과제 발표 및 학습자원의 비평

학생들은 자율학습에서 정보를 얻기 위해 이용한 학습자원에 대해서 발표한다. 이용한 학습자원을 통해서 문제가 모두 해결되지 않았을 경우에는 어떻게 하면 더 나은 학습자원을 찾을 수 있는지에 대해서 논의하도록 한다. 이러한 과정을 통해 정보의 정확성에 대한 학생들의 관심을 증진시키는 것이 매우 중요하다.

은경: 저는 요통의 원인에 대해서 그냥……일반적으로 조
　　　사를 했는데요. 조사를 하게 된 목표는 환자의 아버
　　　지가 요통을 호소하고 있어서 혹시 환자와 연관성
　　　이 있는 것이 아닌가……히는 생각에서……(중략)
　　　결론은 아버지와는 별 상관성이 없다는 것입니다.
학생들: 박수
형우: 그냥 끝내는 것보다 질문을 했으면 좋겠는데……질
　　　문 없으신지요?

② 토   의

자율학습을 통해 새로 익힌 지식을 문제에 적용해보고 지난 시간의 사고와 지식에 대한 비평을 해 보는 순서이다. 학생들이 자율학습을 통해 주어진 문제에 대하여 알 필요가 있다고 생각하는 것을 학습했으므로 학생들은 이제 자신이 맡은 영역에 대한 전문가로 간주된다. 그들은 첫 번째 토론 시간에 했던 생각과 지식을 비평하기 위하여 주어진 문제를 다시 살펴봐야 한다. 즉, 학생들이 새로 학습한 것에 비추어 어떤 가설과 어떤 질문들이 나왔어야 했으며 어떻게 문제를 분석하고 이해했어야 했는지를 고려해 본다.

2. 문제중심학습에서의 평가

문제중심학습에서 평가는 단순히 객관식 방법을 통한 지식의 습득 여부를 평가하지 않는다. 현재, 널리 사용되고 있는 수행평가 방법들 중에서 문제중심학습의 문제해결과정에 적합한 방법으로는 포트폴리오(김선, 2003), 실제적 문제해결을 요구하는 주관식 지필검사(장봉현, 2002), 튜터에 의한 관찰(김선자, 1998), 성찰일기(강인애, 1998) 등이 알려져 있다.

문제중심학습에서 중요한 것은 학습 문제를 발견하고 그 문제를 해결하기 위해서 시도하는 다양한 학습활동을 통한 학습자들의 학습능력 향상 및 발전 가능성이다. 또한 습득한 학습 능력을 통해 실제 세계에서 직면하게 되는 문제에 얼마나 유연하게 대처할 수 있을 것인가에 관련한 적용 능력의 향상 가능성이다. 따라서 문제중심학습에서는 전통적 지필형식의 평가방법과는 다른 다양한 평가방법이 요구되는 것이다.

문제중심학습에서는 대부분 튜터가 학생들을 관찰하고 평가하는 튜터평가가 이루어지지만 수업의 주체가 학생이므로 학습자 스스로 하는 자기평가도 중요하게 취급되며 아울러 학생들끼리 평가하는 동료평가 또한 강조된다. 문제중심학습에서는 튜터에 의해서 일방적으로 이루어지는 평가는 바람직하지 못한 것으로 간주된다. 즉, 평가의 주체가 어느 한 사람에게 한정되지 않는 것이 문제중심학습 평가의 특징 중에 하나라고 볼 때, 자기평가와 소집단 활동에서 이루어지는 동료평가는 그 자체가 바로 학습이 된다.

본 절에서는 문제중심학습 평가의 특징을 정리하고, 문제중심학습의 효과를 극대화하기 위해서 시기, 주체, 그리고 내용 등에 따라 얼마나 다양한 평가 유형이 있는지를 알아보았다.

1) 평가의 특징

문제중심학습에서의 평가는 넓은 의미에서 수행평가로 간주된다. 문제중심학습에서 강조되는 학습현상을 제대로 평가하기 위해서는 그에 부합되는 수행평가 위주의 평가체제가 활용되어야 한다. 수행평가는 학자마다 다양하게 정의되지만(강승호, 1999; 김명숙 1999; 교육부, 1998), 넓은 의미에서 수행평가란 '교사가 학생이 학습과제를 수행하는 과정이나 그 결과를 보고, 그 학생의 지식이나 기능이나 태도 등에 대해 전문적으로 판단하는 평가

방식'을 말한다(백순근 편, 1998). 학생 자신의 지식이나 기능이
나 태도 등을 드러내기 위해 말하거나, 듣거나, 읽거나, 쓰거나,
그리거나, 만들거나 더 나아가 그것을 계획하고 준비하는 과정까
지 포함하는 모든 활동을 평가하는 것이다. 학생들이 진정으로
학습하고 있는 것을 평가하기 위해서는 새로운 대안적인 평가방
법이 필요한데 그것이 바로 수행평가인 것이다. 수행평가 형태로
실시되고 있는 의과대학에서의 문제중심학습 평가의 특징을 요약
하면 다음과 같다.

첫째, 문제중심학습에서 학생들은 자기 자신의 수행을 '채점준
거'에 의해서 평가받는다. 채점준거는 학생의 산출물이나 행위
가운데 무엇을 평가할 것인지를 결정하고 예시하는 것이다. 즉,
준거는 평가자에게 판단의 근거를 제공한다. 문제중심학습에서
미리 구체화된 채점준거는 학생들에게 공개된다. 전통적인 선택
형 검사에서는 검사 문항이 학생들에게 미리 공개되어서는 곤란
하다. 그러나 문제중심학습에서는 수업과 평가가 직접적으로 연
결되고, 자신들에게 평가자가 무엇을 요구하고 바라는지를 미리
알아야만 적절한 수행을 할 수 있기 때문에 평가의 준거가 학생
들에게 미리 공개되는 것이다. 문제중심학습에서 미리 공개되는
평가의 준거는 수업에서 학생들이 학습할 때 '방향성'의 역할을
할 뿐 수업내용을 직접적으로 다루지 않는 경우가 많다.

문제중심학습에서 학습목표는 수업 전에 미리 설정되어 있거나
튜터가 결정해 주는 것이 아니라 소집단 나름대로 구성원간의 합
의를 통하여 학생 스스로 결정하며, 평가자는 학생들이 합의하여
설정한 학습목표에 비추어 학습목표에 달성하였는지 또는 달성하
지 못하였는지를 평가하면 된다.

평가자는 학생 각자에게 평점뿐만 아니라 말과 행동을 되먹임하고 필요에 따라 학생의 학습을 개별적으로 교정할 수 있다는 점에서 중요한 의미를 가진다. 문제중심학습에서 평가는 학생의 학습행동을 개선할 목적으로 평가 점수를 학업성적에 포함하지 않는 경우가 있다. 학습 활동 현장에서 학생들에게 학습목표를 설정하도록 하고 그 목표가 달성되면 칭찬하여 자신감을 갖게 하며, 학습의 방향에 잘못이 있으면 이를 고치도록 권장하는 것도 문제중심학습 평가의 특징이다.

둘째, 문제중심학습이 구성주의 지식관에 토대를 두고 있기 때문에 평가 또한 지식의 맥락성이 강조된다. 문제중심학습에서 지식이 다루어지는 학습과정은 '문제 상황'으로부터 출발한다. 상황 맥락적인 문제 상황은 학습자가 상황을 어떻게 받아들이느냐에 따라 다르게 해결할 수 있으며 만일, 문제의 상황이 달라지면 그 해결 방식도 달라져야 한다. 그러므로 하나의 정답보다는 여러 개의 답이 가능하고 오히려 다양하고 창의적인 문제해결방법을 부추긴다. 정답이란 상황과 맥락에 따라 다를 수 있다. 문제중심학습에서는 정답과 오답이 있는 것이 아니라 서로 다른 의견이 있을 뿐이다. 따라서 객관적인 하나의 정답을 기억하는 것보다 상황과 맥락에 따라 적절한 답을 생산할 수 있는 능력이 더 중요하게 된다.

문제중심학습에서 평가는 학생들을 하나의 기준으로 평가하거나 그 결과를 반드시 양으로 나타내지 않으며 학생들의 학업성취도를 하나의 잣대로 평가하지 않는다. 전통적인 선택형 검사에서는 학생들이 교과에서 배운 내용을 현실적 상황에서 전이할 능력이 있는지를 알 수가 없다(윤영선, 2004). 그러나 구성주의에 기반을 둔 문제중심학습 평가는 명제적 지식(propositional knowledge)을 구체적 상황에 적용할 수 있는지에 관심을 둔다. 문제중심학습에서 '무엇인가를 안다'는 것은 단순히 정보를 습득하는 것을 말하는 것이 아니라 그것을 해석하고 이미 알고 있는 다른 지식에 그것을 관련지을 수 있다는 것을 의미한다(Herman, 1992).

셋째, 문제중심학습에서 평가는 단순한 사실적 지식을 기계적으로 암기하여 재생하는 능력보다는 학생들의 창의성이나 문제해결력 등 고등정신능력을 평가한다. 문제중심학습에서 평가는 결과로서의 지식이나 행동이 아니라 지식의 활용 및 발견과 인지전략과 같은 고등정신능력이 평가의 대상이 된다. 평가는 한 가지 이상의 해결안을 가지고 문제에 접근하도록 하고 실제적인 적용이나 개념들에 보다 많은 역점을 둔다.

문제중심학습에서 평가는 복합적이고, 도전적이며, 고차적인 사고능력과 문제해결과정을 학습자로부터 요구한다. 학생들은 수업을 통해서 임상적 추론 과정(clinical reasoning process)을 평가받게 되는데, 예를 들어 평가자는 ① 시종일관 초기에 세웠던 가설에 집착하여 대안적 가설을 고려하지 못하는 학생, ② 가설을 전혀 도출하지 않거나 떠오르는 가설을 고의적으로 모두 무시해버리고 정형화된 질문 목록만 의존하는 학생, ③ 제시한 가설의 폭과 깊이에 있어서 너무 제한적이라서 특정 문제 상황에 적용하지 못하는 학생, ④ 충분한 정보를 얻고 나서도 문제에 대한 결론을 내리지 못하고 난처해하는 학생 등을 가려내야 한다(박은경, 2003).

넷째, 문제중심학습에서 평가는 단편적인 영역에 대해 일회적으로 평가하기 보다는 학생 개개인의 학습 변화를 종합적으로 평가하기 위해서 전체적이면서도 지속적으로 평가한다(김선 외, 1997; McMillan, 1997). 문제중심학습에서 평가는 교수-학습의 결과뿐만 아니라 교수-학습의 과정도 함께 중시한다. 문제중심학습에서 평가는 수업과정의 마지막에 이루어지는 수업결과에 대한 활동이 아니라 수업의 전 과정에서 지속적으로 이루어지는 학습과정에 대한 활동이다.

기존의 평가는 학습한 결과 학생들이 '얼마나 알고 있는가'에 관심을 갖는 결과중심의 평가였다면 문제중심학습 평가는 결과보다는 학생이 '어떻게 학습하였는가'에 관심을 갖는 과정평가라고 볼 수 있다. 평가가 학습자의 학습 향상 정도와 더불어 수업 진행에 관한 정보를 끊임없이 제공해야 한다고 할 때, 문제중심학습 평가는 단편적 영역을 일회적으로 평가하기보다는 학생 개개인의 변화 및 발달을 종합적으로 평가하기 위해 전체적이면서 지속적으로 이루어진다.

2) 평가 유형

많은 학자들이 문제중심학습 수업에서 학생평가의 중요성을 강조하면서도 평가방법에 대한 의견에서는 일치를 보이지 않고 있다(Swanson, et al, 1997; van der Vleuten et al, 1996; Bouhuijs et al, 1987; Entwistle, 1981). 사실상, 문제중심학습의 평가도구는 수업의 형태나 학교의 사정에 따라 개발되어 사용되어야 하지만, 국내 의과대학의 경우 튜터에 의한 평가에 의존하고 있는 형편이다. 이하에서는 국내·외 의과대학에서 사용하고 있는 평가도구들을 중심으로 시행 목적 및 내용 등에 따라 그

유형을 과정지향평가와 결과지향평가로 분류하여 설명하였다(장
봉현, 2002; Swanson et al, 1997).

(1) 과정지향평가(progress oriented assessment)

학습 행동을 개선할 목적으로 학습 과정 중에 실시하는 평가이
다. 과정지향평가는 튜터가 학생 각자에게 평점뿐만 아니라 말과
행동으로 되먹임하고 필요에 따라 학생의 학습을 개별적으로 교
정할 수 있다는 점에서 중요한 의미를 가진다. 학습 활동 현장에
서 학생들에게 목표를 설정하고 그 목표가 달성되면 칭찬하여 자
신을 갖게 하며 학습 방향이나 방법에 잘못이 있으면 이를 고치
도록 권장하는 것도 과정지향평가가 갖는 특징 중에 하나이다.
과정지향평가에 해당하는 평가방법으로 튜터평가, 자기평가, 동료
평가, 우회측정, 삼 단계 시험 등이 있다.

① 튜터평가

튜터평가는 학생을 이해하고 평가하기 위한 가장 보편적인 방
법 중의 하나이다. 튜터는 학생을 올바르게 이해하고 객관적으로
평가하기 위해서 체크리스트나 평정척도 등을 이용한다. 그러나
몇 가지 항목으로 정해진 체크리스트나 평정척도는 학생들 간의
사회적 관계 구조, 개인 및 소집단 간의 역동적 관계를 평가하기
어렵고 성격이 내성적인 학생들을 평가하기가 곤란할 때가 있다.
객관적이고 정확한 평가를 하기 위해서 관찰 대상을 있는 그대로
기술하는 일화기록법이나 비디오 녹화를 한 후 분석하는 방법을
사용하기도 한다(백순근, 2002).

② 자기평가

자기평가란 학습자가 학습하는 과정에서 적극적으로 자신의 발전 과정을 모니터하고 자신의 지식, 태도, 진보 등을 조사하는 과정을 말한다. 자기평가는 학습자가 교수-학습 중이나 그 이후에 자기가 학습한 결과에 대해 교사가 제시한 관점이나 내용에 따라 자기 자신이 평가의 과정에 참여하여 자신의 수행 결과물에 대한 반성적 사고와 함께 자신의 장·단점을 파악하도록 하는 자기주도적 학습의 평가방법이다. 자기평가를 통해 학습자는 학습하기 전과 비교하여 어떤 변화가 있고, 무엇을 알게 되었는지, 다른 경험들과는 어떻게 다른지 등을 경험할 수 있다.

반성에 초점을 두고 자기 자신을 평가하는 방법으로 성찰일기가 있다(강인애, 1999). 학생들이 학습의 주체가 되어 스스로 학습목표나 학습의 깊이 등을 결정하며 문제해결의 전 과정을 이끌어 가는 문제중심학습에서 성공적인 교수-학습 성과를 얻어내기 위해서는 튜터의 입장에서는 학생들의 학습과정에 대해서 좀 더 깊이 있고 세밀한 파악을 할 수 있는 객관화된 근거가 필요하며, 학생의 입장에서는 학생 스스로 학습을 해 나가는 과정에서 자신의 학습과정에 대한 성찰의 시간을 통해 반성적이고 지속적으로 자신의 학습계획을 변화시키거나 개선해 나가는 융통성이 필요하다(박미호, 2003). 성찰일기에는 단순히 자기반성의 부분을 내포하는 것만을 의미하지 않는다. 학습자들이 이전의 출발점행동과 학습경험에 대한 성찰을 통해서 자기 자신의 학습과정을 재평가함으로써, 재평가한 학습경험을 재구성하고 내면화한 결과로 말미암아 좀 더 발전된 학습자로의 변화를 가지게 된다는 데에서 성찰일기의 의의를 찾을 수 있다(채수진 외, 2002).

③ 동료평가

동료평가란 학생들이 서로 상대방을 평가하도록 하여 평가보고
서를 제출하도록 한 다음, 그것을 튜터가 평가하는 것을 말한다.
개인의 학습활동을 사회 문화적 활동의 관점에서 파악하여 공동
체 구성원들 간의 사회적 상호작용을 중시하는 사회적 구성주의
에서 학습은 공동체 구성원들 간의 대화를 통한 의사소통이 그
본질이라고 본다. 따라서 진리와 실체는 지적으로 우수한 공동체
구성원들 간의 대화를 통해서 창출되며 타당성을 인정받아야 한
다고 보기 때문에 여기에서 강조하는 수업은 협동학습이고 이러
한 관점에서 등장한 평가가 동료평가이다. 동료평가는 학생으로
하여금 자신의 학습준비도, 학습동기, 성실도, 만족도, 다른 학생
들과의 관계, 성취수준 등에 대해 스스로 생각하고 반성할 수 있
는 기회를 제공할 뿐만 아니라 튜터가 혼자의 힘으로 모든 학생
들을 제대로 평가하기 어렵다고 판단될 때 자기평가와 함께 참고
할 수 있는 방법이다.

④ 우회측정(unobtrusive measurement)

문제중심학습에서의 평가방법으로 도서관 이용률, 도서나 저널
대출률 등을 조사하고, 컴퓨터상 문헌검색의 회수가 얼마나 되었
는지 등을 조사하는 우회측정 방법이 있다. 이 방법은 수업을 마
치고 자료를 조사하고 표준화하여 학생 개개인을 평가해야 하는
번거로움으로 인해서 학업성취 평가보다는 문제중심학습의 프로
그램 평가에 더 많이 쓰인다(Swanson, et al., 1997).

⑤ 삼 단계 시험(triple jump exercise)

삼 단계 시험은 세 단계로 나누어 시행하는 구조화된 구두평가법(three part structured oral assessment)로서, 일차적인 목적은 문제해결력과 자율학습능력 등을 평가하는 데 있다(Nendaz & Tekian, 1999). 삼 단계 시험은 문제중심학습 과정과 거의 동일하게 구조화되어 있다. 다른 점은 삼 단계 시험에서는 시간이 제한되어 있다는 것이다.

삼 단계 시험은 2-3명으로 조 편성된다. 각 조의 학생들은 사례가 적혀있는 문제를 받게 되는데, 이때 문제는 각 학생마다 다르게 주어진다. 첫 번째 단계에서는 각 학생들에게 서로 다른 문제가 제시되고 각자 30분 동안 문제를 분석해야 한다. 두 번째 단계에서는 학생들에게 문제를 풀기 위하여 도서관에 가서 자율적으로 학습한다. 마지막 단계에서는 학습목표에 대한 토의와 평가자의 피드백이 주어진다. 이때 시간은 각 학생에게 약 15분이 그리고 평가자의 피드백을 위해 약 15분이 주어진다. 이와 같은 방법을 통하여 학생들은 의사로서 갖추어야 할 능력을 형성해가고 있는지 아니면 부족한 점이 무엇인지를 평가받는다(김선 외, 1997). 삼 단계 시험은 학생에게 바로 되먹임이 가능하며 유연성을 가지고 여러 상황에 응용할 수 있다는 것이 장점인 반면, 단점으로는 평가자의 주관성과 편견을 완전히 배제할 수 없다는 점과 학생들의 구체적인 능력을 전반적으로 평가하기가 어렵다는 것이다(Nendaz & Tekian, 1999).

(2) 결과지향평가(outcome oriented assessment)

결과지향평가는 학습 목표에 대한 성취도를 최종적으로 판정하기 위한 평가를 의미한다. 학습을 마칠 때 학습한 결과가 어디까지 도달하였는지를 판정하는데 결과는 수치나 단계로 표현된다. 문제중심학습은 문제해결력에 초점을 맞추어 평가하기 때문에 문제 상황이나 내용과 독립되어 일관된 하나의 답을 찾는 것은 바람직하지 않으며 사실적 지식을 가지고 있다는 것 그 자체가 성공적인 문제해결을 보장하는 것도 아니다. 따라서 의학교육에서 결과지향평가는 문제 상황을 주고 문제발생의 원인과 기전, 검사 결과의 예측 및 해석, 병의 병태생리, 가장 가능성 있는 진단, 적절한 치료 등에 대한 질문을 하게 된다. 결과지향평가에 해당하는 평가방법으로는 개념도, 선다형 객관식 시험, 변형논술문제, 컴퓨터 임상모의 시험, 객관구조화진료시험, 점진적 검사 등이 있다.

① 개념도(concept mapping)

개념도는 학습자의 인지구조와 같은 내적 잠재력을 평가하는 것을 목적으로 한다. 개념도 활동을 통해서 학습자들은 문제해결력을 기를 수 있다. 개념도 작성 활동은 학습 자료에 포함된 개념들을 위계적으로 배열하고 조직하는 일련의 과정을 통해 학습자의 인지 속에 형성된 개념들의 구조의 분화, 확장, 변화 등을 시각적으로 나타내게 하는 과정이다.

형태 면에서 개념도와 유사한 개념으로 마인드 맵(mind map)이 있다. 마인드 맵은 계층구조를 가진다는 측면에서 개념지도와 공통점을 가지지만 개념도는 마인드 맵보다는 보다 적극적인 관계의 설명이 뒤따른다. 개념도는 마인드 맵을 구성하는 주요 개념들 사이의 상호관계에 대한 구상과 설명을 강조하고 피드백 관계를 구성함으로써 계층적 구조를 어느 정도 파괴할 수 있다는 점에서 차이를 보인다. 평가도구로서 개념도는 지식획득과 개념발달을 측정하기 위해서 사용된다. 개념도는 집단평가로 사용되기도 한다.

　개념도는 다양한 시점에서 다양한 의도로 사용될 수 있다. 개념도가 전체적인 개관을 제시해 주고 선행 조직자로서 역할을 한다면 단원의 시작, 중간과 끝에서 사용될 수 있다. 단원 시작의 경우, 개념도는 학생들의 기존의 지식과 이해를 알아보고 그 이해의 차이를 지적하고 학습의 방향을 제시하는데 기여할 수 있다. 중간에 사용할 경우에는 수업활동의 도구로서 학생들의 사고와 추론활동을 증진시키는 데에 목적이 있으며, 수업을 마치고 사용할 경우는 요약과 통합의 틀로서 역할을 할 수 있다(이경한, 1998).

② 선다형 객관식 시험(multiple choice question, MCQ)

　선다형 객관식 시험은 문제중심학습에서 광범위하게 사용되었던 평가방법이었으나 사실적 정보와 단순 암기 능력만을 평가한다는 비판을 받았다(Weat et al. 1985; Newble et al, 1979). 그러나 문제를 개발하기에 따라 단편적 지식뿐만 아니라 문제해결을 위한 지식의 응용을 충분히 평가할 수 있으며 신뢰성이 높고 채점이 용이하다는 장점으로 최근에 다시 사용되고 있다. 선다형 객관식 시험의 단점을 최대한 보완하기 위해서는 평가 시 답가지를 증가하고, 하나 이상의 답을 요구함으로써 현실적인 문제해결 상황과 유사하게 문제를 만들어야 한다(Nendaz & Tekian, 1999; Swanson, et al, 1997).

③ 변형논술문제(modified essay question, MEQ)

변형논술문제는 서술형 지필시험으로서 주어진 답가지 중에서 정답을 선택하는 것이 아니라 학생들이 직접 서술식으로 풀어가는 주관식 시험이다. 따라서 질문의 형태도 단편적인 지식을 묻는 것이 아니라 문제해결력, 판단력, 의사결정 능력 등을 평가할 수 있도록 제시된다. 변형논술문제는 한 학습단원이 끝난 뒤 종합적으로 실시되며, 문제중심학습 특징에 맞추어 다단계 평가방법이 적용된다.

변형논술문제는 한 문제 당 대개 40-90분이 소요되며, 일련의 질문들에 반드시 순서대로 대답하여야 한다. 제한된 문제가 제시되고 이것의 가설을 묻는 문제가 1-3개가 있다. 자료가 추가로 첨가되면서 문제는 좀 더 정교화된다. 각각의 질문에는 시간을 명시하고 전체 누적 시간도 시험지에 명시한다. 이 방법은 임상 추론능력을 평가하는데 유용하지만 질문을 만드는데 정교한 기술이 요구되고, 시험시간과 채점하는데 많은 시간이 걸린다는 단점이 있다(Swanson, et al, 1997).

④ 컴퓨터 임상모의 시험(computer simulation)

컴퓨터 임상모의 시험은 컴퓨터를 통해서 순차적으로 환자의 자료가 제시되면서 주어진 질문과 함께 제시된 선택가지를 택하도록 하는 시험이다. 학생의 선택에 따라 환자가 호전되기도 하고, 악화되기도 하며, 사망하기도 한다. 1980년대 후반까지 문제해결력을 평가하기 위해서 의과대학이나 자격기관에서 많이 사용되었으나 학생의 응답 스타일에 따라 점수의 차이가 심하며, 제시되는 자료에 따라서 4-10시간까지 시험 시간이 소요된다는 단점이 있다(Swanson, et al, 1995).

⑤ 객관구조화진료시험(objective structured clinical examination, OSCE)

객관구조화진료시험은 학생들의 문제해결력과 임상수기능력 (clinical skills) 등을 평가할 수 있는 방법이다. 학생들은 20여 곳의 평가 스테이션을 돌면서 평가를 받는다. 각 스테이션에서는 단계별로 학생들의 임상수기능력을 평가하게 되는 객관구조화진료시험을 위해서 주로 표준화환자(standardized patient)가 사용된다(Jolly, 1996).

평가의 절차는 다양할 수 있지만 기본적으로 학생들에게 일차적으로 과제가 주어지고 그에 대한 질문이 주어진다. 과제는 실기문제로서 환자의 병력청취에서부터 신체검사, 실험실 진단에 이르기까지 실질적인 수행으로 구성되어 있다. 과제에 대한 질문은 서술형으로 되어있다. 학생이 표준화환자를 통하여 실기과제를 수행하는 동안 한 명 혹은 여러 명의 시험관들이 관찰하고 체크리스트를 사용하여 평가한다. 학생들은 여러 명의 시험관에 의해 평가를 받게 되는데 각 스테이션에서의 평가시간은 4-5분이고 학생들은 계속 순환하며 평가를 받는다. 100분에 약 20명의 학생들이 전체 스테이션을 돌며 시험을 볼 수 있다.

⑥ 점진적 검사(progress test)

점진적 검사는 문제중심학습의 인지적 영역의 달성여부를 평가하는 일종의 종합시험이다. 의과대학 전교생은 동일한 시험문제로 동일한 시간에 시험을 치른다. 학생들은 이 시험을 1년에 4회

보며 졸업 전까지 총 24회 시험을 치른다. 의과대학에서 습득해야 할 의학지식 전반에 걸쳐 광범위하게 문제가 선택되며 매 시험마다 새로운 문제가 출제된다. 교과서나 각 통합교육에서 학습한 개별적 지식의 단순한 암기는 시험의 결과에 큰 영향을 주지 못한다. 이 시험을 준비하는 가장 효과적인 방법은 문제중심학습을 통하여 꾸준히 성실하게 학습하는 것이다. 저학년은 고학년보다 높은 점수를 획득하는 것이 불가능하다(이영미, 2002).

3. 문제중심학습 평가의 쟁점

최근 해석학, 구성주의, 포스트모더니즘 등의 이론이 교육평가에 영향을 끼치어 주관적인 평가가 논의되고 있지만, 아직도 대부분의 교육평가 관련자들은 평가를 제대로 하기 위해서는 정확한 측정이 뒷받침 되어야 한다는 생각을 갖고 있다. 여기서 정확한 측정이란 누가 측정을 하여도 똑같은 결과를 가질 수 있는 것을 말한다. 이러한 측정관은 개인의 반응 점수의 신뢰성과 객관성이 유지되는 데에 관심을 두며, 신뢰성과 객관성이 높은 측정을 하기 위해서 측정의 절차나 방법에 있어서 표준화를 요구한다. 측정 결과는 그대로 학생들의 학업성취도가 되고, 모든 학생들의 능력을 똑같은 척도로 재며, 그 결과를 하나의 기준으로 평가한다(윤영선, 2004).

문제중심학습에서 평가는 결과로서의 지식이나 행동이 아니라 지식의 활용 및 발견과 인지전략과 같은 고등정신능력이 평가의 대상이 된다. 평가는 한 가지 이상의 해결안을 가지고 문제에 접근하도록 하고 실제적인 적용이나 개념들에 보다 많은 역점을 둔다. 문제중심학습에서의 평가 논리는 구성주의 지식관에 근거한다는 점에서 행동주의나 심리측정학 지식관에 근거한 전통적 선다형 지필시험과는 차이가 있다. 첫째, 문제중심학습의 평가는 한 사람의 평가자의 관점을 통해서는 적절한 평가가 이루어지지 않는다고 보고 평가자의 다양화가 강조된다. 문제중심학습 수업에서 학생들의 다양한 관점이 허용되는 것과 마찬가지로 문제중심학습의 평가에서도 다양한 관점이 허용되어야 한다. 둘째, 문제중심학습의 평가는 다양한 평가 관점과 목적을 포함할 수 있는 다양한 평가방법을 강조한다. 학생들이 진정으로 학습하고 있는 것을 평가하기 위해서 새로운 대안적인 평가방법이 요구되는 것이다.

본 절에서는 문제중심학습의 평가에 대한 근본적인 문제 즉, '문제중심학습의 평가는 타당하고 신뢰로운가'라는 질문에 대답하기 위해서 평가방법의 타당성과 평가주체의 일관성 문제를 선행연구를 토대로 하여 검토하였다.

1) 평가방법에 대한 타당성 문제

문제중심학습의 평가자로 참여하는 튜터들은 복잡한 평가방식에 대해서 의구심을 갖는다. 왜 문제중심학습을 통한 학업성취를 선다형 방식의 시험으로 평가를 하면 안 되는가, 왜 여러 가지 방법에 의한 수행평가가 함께 이루어져야 하는가에 대한 질문이 그것이다. 수 십 년에 걸쳐 선다형 지필시험 방식에 익숙한 의과대학 교수들에게 이러한 의구심이 드는 것은 어쩌면 당연할지 모른다. 그러나 연구자들에 의하면, 선다형 지필시험은 고도로 구조화되어 무조건적이고도 지식 의존적이고, 학생들의 이해 수준이나 사고의 질에 대한 정보를 제공하는데 한계가 있으며, 오히려 문제해결력 등 고등정신능력을 습득하도록 하는 교실에서의 학습을 감소시키며 제한된 범위의 내용과 사실을 기억하도록 강요한다는 문제가 있다(유선희, 1998; 남명호, 1995; Miller & Crocker, 1990).

수행평가로 행해지는 문제중심학습의 평가가 학생들이 단지 알고 있는 지식(knowing that)을 측정하는 것이 아니라 실제 상황에서 수행하는 것(showing how)을 직접적으로 평가해야 한다는 인식에서 출발하는 것은 타당도를 높이려는 노력으로 이해해야 한다(Neridez & Tekian, 1999). Herman(1992)에 의하면, '무엇인가를 안다'는 것은 단순히 정보를 습득한다는 것이 아니라 그것을 해석하고 또한 이미 알고 있는 다른 지식에 그것을 관련짓는 것이다. 지식의 획득은 지식이 실제로 활용되는 상황과 같은 맥락에서 실제적인 과제에 의해 평가되어야 하며 평가는 학습이 일어나는 실제적인 상황과 분리될 수 없다. 결과로서의 지식이나 행동이 아니라 지식의 활용 및 발견과 인지전략과 같은 고등정신이 주요한 평가의 대상이 되어야 하며, 평가는 학습이 일어나는 맥락(learning context-dependent evaluation)을 고려하지 않으면 안 된다. 따라서 평가는 한 가지 이상의 해결안을 가지고 문제에 접근해야 하며 실제적인 적용 또는 개념들에 보다 많은 역점을 두어야 한다. 그러므로 학습에 대한 평가는 복합적이고도 도전적이며 보다 고차적인 사고기능과 문제해결과정을 학습자들로부터 요구해야 하며 학습자가 현실에서 직면하게 되는 다양한 실제적인 과제를 통하여 인지적 요구를 드러낼 수 있어야 한다(유선희, 1998).

　이와 같이 다양한 능력을 평가하기 위해 한 가지 이상의 평가 방법을 동원할 때 타당성 확보 문제가 제기된다. 즉, 문제중심학습에서의 평가는 실제 진행과정에서 신뢰도를 어느 정도 희생하더라도 타당성 확보에 주력하는 것이 바람직하다는 것이다(이규민 외, 2002; 배호순, 1999). 일반적으로 수행평가는 신뢰도가 높은 선택형 문항 중심의 전통적 평가에서 벗어나 실제로 평가하고자 하는 대상을 실제 상황에서 평가하고자 도입된 평가의 한 유형이므로 근본적으로 평가의 타당도에 더 관심을 갖는다. 수행평가는 일정기간의 학습이 끝난 뒤에 어느 정도의 학업성취를 이루었는가를 결정할 뿐만 아니라 학습과정 중에서 계속 변화해 가는 학생들을 돕고자 하는 목적을 갖고 있고 이런 경우, 평가 점수의 일관성이라는 개념은 상대적으로 덜 중요하게 인식될 수 있다는 주장이다.

　이러한 논리에 따르면, 문제중심학습에서 사용하는 다양한 평가 방법들의 기저에는 신뢰도보다 타당도를 강조하려는 논리가 바탕을 이루고 있다. 평가의 타당도는 평가도구나 평가과제가 평가의 목적을 어느 정도 반영하는가 즉, 평가의 충실성과 적합성 정도를 의미한다. 특히 강조되어 지적하는 평가의 타당도란 평가 결과가 평가의 목적에 어느 정도 부합하느냐의 문제이며, 이는 평가 결과를 어떤 목적으로 사용하느냐 하는 문제와도 직결된다. 수행평가의 결과가 특정 학생의 특정 능력이나 지식, 기능을 입증하는 적절한 증거를 제시한다면, 이 수행평가는 특정 목적에 대하여 타당하다고 말할 수 있을 것이다(남명호 외, 2000). 아무리 교육적으로 의미 있는 평가방법이라고 하더라도 평가하고자 하는 대상에 대하여 평가하고자 하는 내용을 제대로 평가하지 못한다면 평가의 타당도 문제가 제기될 것이다. 또한 평가 목적과 부합되지 않게 결과를 사용한다면 이것도 역시 타당치 못한 평가라고 할 것이다.

수행평가의 타당성을 입증하기 위해서 수행평가로 실시되는 다양한 평가방법들이 선다형 지필시험에 비하여 학생들의 학습과정이나 결과에 대하여 얼마나 상이한 정보를 제공하고 있는지를 알아보기 위한 국외 연구가 몇 편 있다(Bracht & Hopkins, 1970; Benson & Kiewra, 1986; Breland, 1987; Baxter, 1993). 상관관계를 통하여 살펴본 대부분의 연구들 가운데, 선다형 지필시험 점수와 수행평가 점수의 상관관계가 아주 낮거나(r=.23), 중간정도(r=.47)의 상관계수를 보이며, 평가방법에 따라 서로 상이한 영역을 측정하고 있다는 결론을 보여주고 있는 연구결과가 있는 반면(Benson & Kiewra, 1986; Breland, 1987; Baxter, 1993), 이 둘의 관계가 상관계수 .90 이상의 높은 관련성을 보임으로써 평가방법에 상관없이 거의 동일한 학습영역을 측정하고 있다는 연구결과가 있다(Bracht & Hopkins, 1970).

선다형 문항들이 사실적 지식과 잘 구조화된 비맥락적인 문제의 해결에 중심을 두는데 비하여 수행평가는 문제해결력, 비판적 사고력과 추론 등 고등정신능력을 더 중요시하는 장점이 있다고 수행평가 옹호자들은 말한다. 그러나 겉으로 보기에 복잡하고 고등정신능력을 요구하는 과제라고 하더라도 학생들이 그 과제를 수행함에 있어서 실제로 그러한 인지과정을 사용한다고 믿을 수는 없는 것이다. 경우에 따라서는 단순 기억에 의해 얼마든지 수행할 수 있기 때문이다. 따라서 수행평가가 어떤 사고과정이나 기능을 측정하는지에 대한 증거를 제시해야 한다.

문제중심학습에 대한 국내 연구는 문제중심학습의 의의나 가치, 절차 등에 관한 것들이 대부분이며 문제중심학습에서의 평가에 대한 연구는 미비한 실정이다. 특히, 문제중심학습의 평가와 선다형 지필시험과의 관계 말하자면, 문제중심학습에서 시행하고 있는 평가방법들이 선다형 지필시험에 비해 학생들의 고등정신능력을 정확하게 평가하고 있는지, 문제중심학습의 평가와 선다형 지필시험이 서로 다른 능력을 측정하고 있는지 등에 대한 연구는 찾아보기 쉽지 않다.

의과대학 문제중심학습의 평가에 대한 국외 연구에 의하면, 문제중심학습의 경우 대표적인 평가방법으로는 튜터에 의한 관찰법(tutor assessment), 동료에 의한 상호평가(peer assessment), 삼단계시험(triple jump exercise), 변형논술시험(modified essay question), 객관식 선다형 시험(multiple choice examination), 객관구조화진료시험(objective structured clinical examination), 점진적 검사(progress test) 등이 있으며, 이들 평가방법은 상호배타적이라기 보다는 상호보완적이며 학생들의 창의성이나 문제해결력 등 고등정신능력을 평가하는데 적합하다(Neridez & Tekian, 1999).

Barrows와 Tambly(1980)는, 전통적인 선다형 지필시험은 학생들의 문제해결력을 측정하는데 적절하지도, 신뢰롭지도 않기 때문에 문제중심학습에서 학생평가는 특별한 과제를 제시해야 한다고 하면서, 임상 문제해결력을 평가하기 위해서는 임상진단능력 모의시험문제(portable patient problem pack: P4), 환자관리형 문제(patient management problem: PMP), 표준화환자(standardized patient:

SP)와 같은 환자의 시뮬레이션을 이용해야 한다고 주장한다.

Tambly 등(1984)은 표준화환자를 이용하여 임상 문제해결력을 객관성 있게 측정하기 위한 연구를 수행하였다. 그들은 지필시험, 병원성과등급, 면허시험 점수와 같은 전통적인 임상 성과 측정방법과의 관계를 분석하였다. 이 연구는 뉴브룬스워크 대학에 있는 간호과 4학년 학생을 대상으로 이루어졌는데, 단계적 회귀분석을 한 결과, 표준화환자를 이용한 평가와 병원성과등급에 의해 측정된 전통적인 임상 성과 측정방법 간에는 유의미한 관계가 있었으나 지필시험과는 유의미한 관련이 없었다.

문제중심학습에서 학생평가로 사용된 또 다른 시험은 지식의 적용, 임상추론능력, 자기주도 학습능력 등을 측정하기 위해 McMaster 의과대학에서 시행된 삼 단계시험이 있다(Neufeld, 1989). Painvin 등(1979)은 이 시험의 정밀성을 검증하기 위해서 평가자간 일치성에 대한 연구를 수행하였는데, 그 결과 임상추론 과정에서 가설설정, 정보탐색, 자기평가 등 이 세 항목을 제외하고는 평가자간 합의가 만족스럽게 이루어졌다. 임상추론시험(Clinical Reasoning Test)은 환자의 의학적 문제를 해결하기 위해서 임상추론능력과 의학지식의 적용을 평가하기 위해서 고안되었다. 이 시험은 초기에 가설을 수립하고 가설에 필요한 적절한 활동을 선정하고 이 활동에서 얻어진 자료를 이용하여 가설을 정교하게 하는 학생들의 능력을 평가한다. 의과대학 2학년생에게 실시한 연구결과, 임상추론시험은 의사가 제공한 학생 평가결과와 유사한 분포를 보였으며, 기존의 시험보다 비용이 절반정도 줄어든 것으로 나타났다 (Williams, et al, 1984).

Neridez & Tekian이 문제중심학습에서 사용되는 평가도구들을 정리한 분류표를 토대로 하여, 의과대학 문제중심학습에서 사용되는 여러 가지 평가방법들 간의 특징을 요약하면 <표 Ⅱ-2>와 같다(Neridez & Tekian, 1999).

<표 Ⅱ-2> 의과대학 문제중심학습에서 사용되는 평가방법들의 특징

평가방법	수업과정 반영	실제성 반영	심리측정학적 특성	채점의 공정성
객관구조화진료시험(OSCE)	+	+++	+++	++
선다형객관식시험(MCQ)	+	+	+++	+++
변형논술문제(MEQ)	+	++(+)	++(+)	+++
임상추론시험(CRT)	+	++(+)	++	+++
점진적검사(PT)	+	+	+++	+++
삼 단계시험(TJE)	+++	++	+	+
튜터-, 자기-, 동료평가	+++	+	+	+

+: 낮다, ++: 보통이다, +++: 높다

2) 평가결과에 대한 일관성 문제

수행평가는 평가자 개인이 평가 대상 모두에게 얼마나 일관성 있는 점수를 부여하였느냐 하는 문제, 즉 '평정자내 신뢰도(intra-rater reliability)'와 한 평가자가 다른 평가자와 얼마나 유사하게 점수를 부여하였느냐 하는 문제, 즉 '평정자간 신뢰도(inter-rater reliability)'를 확보하려고 노력하지만 평가자의 주관을 완전히 배제할 수 없다는 근본적인 한계를 갖는다. McMillan(1997)은 수행평가의 신뢰도 문제는 채점의 오류(scoring errors)와 관련된 것으로 채점자가 공정성을 확보하기 어려운 데에서 기인한다고 말한다. 여기서 채점의 오류는 관대화의 오류, 집중화의 오류, 엄격성에 관련된 오류, 후광효과, 선입견 등을 그 예로 들 수 있다.

앞서 지적하였지만, 문제중심학습 평가의 한계는 평가자의 주관을 배제할 수 없다는 것이다. 따라서 평가자가 달라도 비슷한 평가 결과가 나오는지, 그리고 평가 결과를 목표영역(평가준거)으로 확장하여 얼마나 일반화할 수 있는지를 따져보는 일은 중요하다. 지금까지 문제중심학습을 채택한 의과대학에서는 성적 반영 방식에는 차이가 있지만, 모두 튜터평가를 학생의 학습과정을 평가하는 핵심적인 방법으로 활용하고 있다. 국외에서 이루어진 튜터평가에 대한 논의를 살펴보면, 주로 튜터평가의 객관성을 중심으로 이루어지고 있다. 말하자면 튜터들 간의 평가의 일관성(interrater concordance)의 문제는 평가문항의 체계적인 개발(Valle et al., 1999; Hébert & Bravo, 1996)과 구체적인 평가준거의 제시(Schor et al., 1997) 등을 통해 상당히 많이 극복할 수 있다는 것이다. 실제로 여러 대학들이 튜터평가에서 만족할만한 평가자간 일치도를 얻었음을 보고하고 있다(Olson et al., 2003; Schor et al., 1997; Hébert et al., 1996). 또한 소그룹 간의 평균과 표준편차의 차이를 고려한 표준점수를 활용하면 튜터들의 평가기준의 차이에 의해 집단들의 점수에 차이가 나타나는 문제를 상당부분 해결할 수 있다는 연구도 있다(김지영, 2004).

자기평가(self assessment)는 용어가 의미하는 것처럼 학생자신이 자신의 학습의 과정과 결과에 대하여 평가하는 것을 말한다(김영천, 2003). 자기평가는 대안적인 평가 패러다임의 대두와 함께 최근 미국의 학교현장에서 일반적으로 이용되고 있는데, 이와 같이 자기평가 방법이 이용되기 시작한 이유는 자기평가가 갖는 여러 가지 교육적 효과들이 인지심리학과 수행평가의 연구 분야에서 계속적으로 논의되고 있기 때문이다(한화정, 2001; 장인혜, 1999; Kusnic, 1989). 자기평가를 이용하는 이유는 첫째, 자기평가는 학습자의 초인지 능력을 길러준다. Barell(1985)에 의하면, 문제중심 학습과 같이 학생 자신이 어떤 문제를 어떻게 해결하게 되었는지 말하도록 요구하는 것은 학생이 자신의 문제해결과정을 어떻게 접근하였는지에 대한 개인적인 자각을 야기시키는 과정이고 이를 통하여 학생은 자신의 사고 과정의 특징을 이해하고 문제해결에 필요한 전략을 개선할 수 있게 된다. 자기 자신의 인지체제에 대한 지식으로서 효과적인 초인지는 의사소통 및 문제해결에 중요한 역할을 한다는 것이다. 둘째, 자기평가는 학습자를 수업에 적극적으로 참여시킬 수 있다. Wagner(1992)에 의하면, 대부분의 학생들이 그들의 강점과 약점, 목표나 성취에 대해 제한된 관점을 가지고 있으며 그들 자신을 부정적으로 보는 경향이 있다는 것이다. Wagne은 학생들이 스스로의 학습과정과 결과를 평가하는 경험과 훈련이 되어있지 않았기 때문에 그리고 그러한 기회가 주어지지 않았기 때문에 자신을 부정적으로 평가하는 경향이 있다고 지적하면서 적극적 학습이 자기평가와 상호관련이 있음을 강조하였다.

그러나 반대로 Charles(1996)는 자기평가의 단점으로 첫째, 학생들의 문제해결력과 의사소통능력을 개선하는데 도움이 되기보다는 등급을 매길 목적으로 악용될 수 있으며, 둘째, 학생들이 수업과정에서 자신이 행한 중요한 일을 기억하지 못하여 불완전하거나 부정확한 정보를 제공할 수도 있다고 지적하였다.

Boud와 Falchikov(1989)의 연구에서는 학업성취가 높은 학생들이 자신의 능력을 과소평가하는 경향이 있으며 반면, 학업성취가 낮은 학생들은 자신의 능력을 과대평가하는 경향이 있다고 밝

히고 있다. 문제중심학습에서 자기평가의 점수가 튜터평가의 점
수보다 높으며(Rezler, 1989), 자기평가의 점수와 의사국가고시
(National Board of Medical Examine) 점수와는 상관이 거의
없다는 연구가 있다(Rawnsley et al, 1994). 자기평가는 New
Maxico 의과대학의 문제중심학습 수업에서 가장 중요한 목적으
로 간주되고 있다. New Maxico 의과대학 교수인 Rezler(1989)
는 의과대학 1학년과 2학년생을 대상으로 자기평가에 대한 연구
를 시행하였다. 학생들에게 자신의 지식수준과 의사소통능력을
평가하도록 하였다. 자기평가와 튜터평가 간의 관계와 자기평가
와 성취도와의 관계가 비교되었다. 연구결과, 학생들과 튜터들의
평가는 1학년 때는 비슷하였으나, 2학년 때에는 통계적으로 유의
미한 차이를 보였다. Rezler의 연구에서 자기평가의 점수와 학업
성취도 간에는 유의미한 상관관계가 없는 것으로 나타났다.

문제중심학습과 같은 소집단 토론학습에서 실시하는 동료평가
는 동료 간의 설명을 구체화하고, 자신의 생각을 수정하고, 시작
할 때의 수준과 끝날 때의 수준을 서로 비교·검토하여 성장을
발견하게 해 준다(조한무, 2004). 동료평가는 수업을 하는 동안
상호작용의 결과로서 다수의 독립적인 평가자를 확보할 수 있기
때문에 혼자서 수행하는 평가보다 평가오류가 줄어든다는 주장이
있는 반면(박혜진, 2001), 튜터가 평가하는 것보다 신뢰성이 떨어
진다는 것이 문제라고 지적하는 학자도 있다(조한무, 2000). 동료
평가를 형성평가로 사용할 때, 학생들이 건성으로 가볍게 받아들
이고 적당하게 평가하며, 총괄평가로 사용할 때는 점수를 일률적
으로 높게 매겨 유용성이 떨어지는 경향이 있다는 것이다. 동료
간에 담합의 가능성이 얼마든지 발생할 수 있다는 것이다. 그렇

다고 하여 강제적으로 상대평가를 하도록 할 경우에는 학생들의 저항이 심하여 평가가 중단될 수 있다(ABCD Maastricht, 1996). 어떤 대학은 인간적인 관계 작용과 사람마다 평가기준 적용의 엄중함이 달라 객관적인 평가가 될 수 없다는 이유로 문제중심학습 평가에서 동료평가를 시행하지 않은 경우도 있다(장봉현, 2002).

De Grave 등(1984)은 동료평가와 인지적 성취도와의 관련을 연구하였는데 연구결과, 동료평가와 선다형 지필시험과는 .36, 논술시험과는 .30의 상관관계를 보임으로써 동료평가와 인지적 성취도 간에는 낮은 상관이 있다고 보고하였다.

문제중심학습 평가에서 평가주체별로 평가점수의 관련성에 대한 국내 연구가 거의 없는 상황에서 Sullivan(1999)과 Miller(2000)의 연구결과는 본 연구에 시사점을 제공한다. 문제중심학습에서 실시되는 동료평가, 자기평가 그리고 튜터평가 간의 상관관계를 연구한 Sullivan에 의하면, 동료평가와 자기평가 간의 상관계수는 .18-.23, 동료평가와 튜터평가는 .24-.54, 자기평가와 튜터평가는 .11.24를 나타내었다. 이러한 상관계수는 평가결과에 대한 평가주체간의 관련성이 낮다는 것을 의미한다. Miller(2000)는 동료평가의 정확성이 튜터평가보다 떨어진다고 말하면서, 평가주체별로 평가결과의 차이를 발생시키는 요인이 '전문성(professionalism)'에 있다는 것을 밝혀냈다.

Defina(1992)는, 동료평가가 신뢰성과 타당성을 가지기 위해서는 행동수준에 따라 분명하게 정의된 척도를 만드는 일이 필요다고 강조한다. Green(1994) 또한 동료평가를 시작하기 전에 평가대상에 대한 기준을 분명히 설정하지 않는다면, 진정한 평가를 할 수 없다고 말한다. 학생들은 자신이 어떻게 평가되는지에 대해서 알아야 한다. 학생들은 자신의 학습활동에 등급이 매겨지는 기준을 알아야 하며 동시에 동료에게 기준이나 점수를 부여할 줄도 알아야 한다.

　문제중심학습에서 시행되는 튜터평가, 자기평가, 동료평가 간의 문제점을 다룬 국내 연구는 거의 없지만, 중·고등학교에서 실시하는 수행평가나 기업에서 시행하는 다면평가에서 평가주체별로 평가의 장·단점을 다룬 연구가 있다(손민경, 2002; 박혜진, 2001; 박내회, 1997). <표 Ⅱ-3>은 수행평가나 다면평가에서 나타나는 평가주체별 평가의 문제점들을 요약 정리한 것이다.

<표 Ⅱ-3> 평가주체별 점수의 일관성 문제점 비교

평가주체	문제점
튜터	■ 평가자의 편견에 치우칠 우려가 있다. ■ 학생들의 원망을 들을까봐서 엄격하게 평가하기를 주저한다. ■ 평가기준의 차이에 의해 평가자간 신뢰도가 낮을 수 있다.
학생자신	■ 자신의 수행을 과대평가 하는 경향이 있다. ■ 겸양효과로 인해 자신을 낮게 평가할 수도 있다.
동료	■ 형성평가로 사용될 경우 건성으로 적당하게 평가할 수 있다. ■ 총괄평가로 사용될 경우 학생들끼리 담합할 가능성이 있다. ■ 우정으로 인해 실제능력보다 후한 점수를 부여할 수 있다.

Ⅲ. 연구방법

본 연구는 문제중심학습의 평가주체와 평가방법들 간의 점수를 비교하여 문제중심학습에서의 평가도구의 신뢰성과 타당성을 검증하는 데에 그 목적을 두고 있고, 이러한 연구 목적을 달성하기 위하여 문제중심학습을 실시하고 있는 서울대학교 의과대학을 대상으로 하였으며, 교수와 학생들을 대상으로 한 인터뷰 내용을 첨가하여 양적 연구결과로 부족한 부분을 보충하였다. 이하에서는 연구대상 및 기간, 연구도구, 분석방법 등을 자세하게 기술하였다.

1. 연구대상 및 기간

본 연구는 1999년도 교육과정의 일부에 문제중심학습을 도입한 이후 6년째 문제중심학습을 시행하고 있는 서울대학교 의과대학을 연구 대상으로 선정하였다. 서울의대는 전통적인 교과목 중심, 강의 위주의 주입식 교육을 탈피하기 위해 통합교육을 확대하고 문제중심학습을 도입하는 노력을 기울여 왔다. 그러나 국내 대부분의 의과대학과 마찬가지로, 서울의대는 전통적 교육과정에 문제중심학습을 일부 이식한 혼합형(hybrid) 교육과정을 운영하고 있다(부록1 참조).

서울의대는 2004년도 1학기에 본과 2학년을 대상으로 문제중심학습을 세 번 실시하는데, 첫 번째 실시는 6월에 혈액학 통합교육 수업에서, 두 번째는 7월에 내분비학 통합교육 수업에서, 세 번째 실시는 8월에 신장학 통합교육 수업에서이다. 각각의 문제중심학습 수업은 2-3일의 간격으로 3번 만남으로 이루어져서 총 9번의 수업을 하게 된다. 본 연구는 문제중심학습 수업이 실시되는 2004년 6월 2일부터 8월 18일까지 시행되었다(표 Ⅲ-1).

<표 Ⅲ-1> 교과목명 및 기간

교과목명	기 간	횟수	조편성
1차: 혈액학	6월 2일, 6월 4일, 6월 9일	3번	22개조
2차: 내분비학	7월 1일, 7월 5일, 7월 7일	3번	22개조
3차: 신장학	8월 16일, 8월 17일, 8월 18일	3번	22개조

본과 2학년에 재학 중인 학생들은 175명이며 남학생이 113명, 여학생이 62명이다. 조편성은 체계적 추출(systemic sampling)을 하여 한 조에 8명의 학생을 배정하였다. 다시 말하면, 조편성을 위해서 특별한 선정기준을 마련하지 않고 출석부에서 매번 22번째 되는 샘플을 추출하여 조를 편성하였다(예를 들면, 1번은 1조, 2번은 2조, 3조는 3조⋯⋯22번은 22조, 23번은 1조, 24번은 2조⋯⋯). 학생들은 9번의 문제중심학습 수업동안(6월부터 8월까지) 같은 조에 편성되어 수업을 하였다. 2학년 학생들은 문제중심학습에 대한 경험이 전혀 없었으며 수업을 하기 전에 1시간 동

안 문제중심학습에 대한 진행방식과 평가방법 및 평가준거에 대한 오리엔테이션을 받았다.

튜터는 혈액학 통합교육, 내분비 통합교육, 신장학 통합교육 각각 22명으로 총 66명의 튜터가 동원되었으나 실제적으로 수업에 참여한 튜터는 62명이었다. 4명의 튜터는 두 번의 수업에 참여를 하였기 때문이다. 두 번의 수업을 참여한 4명의 튜터는 본 연구를 위해서 동일한 조에서 수업을 하였다. 문제중심학습 수업을 하기 위해서 수업 시작 한 달 전에 서울의대 교수 약 350명을 대상으로 튜터 모집 공고를 하고, 62명의 지원자를 받았다. 문제중심학습의 튜터로 지원해 준 교수들은 서울의대에서 주최하는 "PBL Tutor Training Workshop"을 이수하였다. 워크숍을 이수하였다고 하지만 수업방식의 통일을 기하고, 모듈에 대한 설명을 듣기 위해서 해당 교과목의 튜터들은 수업 시작하기 1시간 전에 문제중심학습에 대한 설명을 다시 들었다.

모듈은 서울대학교병원의 임상사례들 중에서 해당과목의 학습목표와 관련 과목의 학습목표들을 되도록 다양하게 포함하고 있는 것들을 선정한 후 여러 과의 교수들이 모여 모듈 개발 지침에 따라 사례를 재구성하는 방식으로 개발되었다(표 Ⅲ-2).

<표 Ⅲ-2> 모듈명과 주제(부록2 참조)

교과목명	모듈명 및 주제어
1차: 혈액학	청천벽력: 백혈병, 호중구감소증
2차: 내분비학	진가현(가명)씨의 임신: 애디슨병, 임신성 당뇨병
3차: 신장학	갑자기 몸이 부었어요: 신장증후군, 부종

2. 연구도구

본 연구에 사용된 도구로는 문제중심학습에서 사용한 평가지
(부록3 참조), 학생들이 작성한 성찰일기와 개념도(부록4 참조)
등이 있다. 이밖에도 연구자는 평가방법들의 타당성을 검증하기
위해서 객관식 선다형 지필시험인 혈액학 기말시험 점수를 활용
하였다(표 Ⅲ-3).

<표 Ⅲ-3> 평가도구 및 평가능력

평가도구	평가하고자 하는 능력
튜터평가	토론 및 협동심, 문제해결력, 자기주도 학습력
동료평가	토론 및 협동심, 문제해결력, 자기주도 학습력
자기평가	토론 및 협동심, 문제해결력, 자기주도 학습력
성찰일기 쓰기	분석력, 탐구력, 비판력, 자기성찰력
개념도 그리기	인지구조변화, 기념이해수준, 메타인지
선다형 지필시험	지식

통합교육 점수는 기말시험 점수와 문제중심학습 점수를 합산하
여 산출한다. 문제중심학습 점수는 총 100점을 만점으로 하는데,
출석 30점, 튜터평가 50점, 성찰일기 10점, 개념도 그리기 10점
을 합산하여 100점으로 한다. 문제중심학습 평가는 각 조별 튜터
가 하며 문제중심학습의 점수는 각 통합교육 학생성적의 10%가
반영된다.

1) 튜터평가

평가의 준거는 문제중심학습에 5년 이상의 경험이 있는 6명의 의과대학 교수와 연구자가 함께 포커스 그룹(Focus group)을 형성하여 결정하였다. <표 Ⅲ-4> 평가표에서 보는 바와 같이, 평가 준거는 ① 토론참여도, ② 의사소통력, ③ 문제해결력, ④ 정보수집 및 활용력, ⑤ CUG 참여도 등으로 구성되어있다. 먼저, 문제중심학습 수업에서 요구하는 여러 가지 능력들을 나열하고 그 중에서 객관식 선다형 시험으로는 측정할 수 없다고 생각되는 몇몇의 능력을 평가준거로 결정하였다. 토론참여도와 의사소통력은 소집단학습활동 촉진의 측면에서, 문제에 대한 논리적 접근능력은 문제해결 향상의 측면에서, 마지막으로 정보수집 및 활용력과 CUG 참여도는 자기주도 학습능력 함양의 측면에서 결정되었다. 포커스 그룹의 위원들은 이러한 측면의 능력들이야말로 학생들이 의과대학 생활을 하는 동안 어느 교과목에서도 측정이 이루어지지 않고 있다고 판단하였다. 튜터는 3번 만남을 통해서 학생들을 직접 관찰하고 평가준거에 따라 10점부터 1점까지 점수를 매긴다. 튜터평가 만점은 50점이다. 튜터는, 우수는 8점-10점, 보통은 5점-7점, 부족은 2점-4점을 평가표에 기재한다. 본 연구에 사용된 튜터평가의 신뢰도는 .85이었다.

<표 Ⅲ-4> 문제중심학습 학생평가표: 튜터용

평가준거 \ 학생이름	홍길동			
1. 토론참여도(10점)	10			
2. 의사소통능력(10점)	10			
3. 문제에 대한 논리적 접근 능력(10점)	10			
4. 정보수집 및 활용능력(10점)	10			
5. CUG참여도(10점)	10			
합 계	50			

※ 우수는 8점-10점, 보통은 5점-7점, 부족은 2점-4점

(1) 소집단학습활동 촉진: 문제중심학습에서는 학생들이 책임감을 가지고 문제를 해결하기 위해 소집단 활동을 한다. 학생들이 자기주도적이고 독립적일지라도 다른 학생들과 함께 지식을 공유하고 최상의 해결책을 위해 의견 나누기를 유도한다. 학생들은 소집단 활동을 통해서 타인과 정보, 아이디어 공유는 물론 토론을 위한 의사소통기술 등을 배운다.

(2) 문제해결력 향상: 문제중심학습은 체계적인 추론전략을 전개시키는데 도움을 줌으로써 학생들에게 일반화된 문제해결력을 개발하도록 도움을 준다. 문제해결력은 귀납적-연역적 추론과정을 통해 육성된다. 추론을 위해서 학생들은 가능한 가설을 세우고 가설에 대한 구체적 설명을 구성하게 되는데, 이때 다양한 관점에서 융통성 있게 사고하며, 새롭고 독창적인 방식

으로 문제를 다루는 창의적 사고와 문제를 정의하고 문제와 관련된 정보들의 적절성과 신뢰성을 판단하여 해결책을 찾아가는 비판적 사고가 동시에 요구된다.

(3) 자기주도 학습능력 함양: 문제중심학습에서는 학생 스스로 문제해결을 위해 계획하고 실행하고 평가하는 것에 대해 책임을 지기 때문에 자기주도적인 학습 자세가 요구된다. 즉, 학생들에게 경험 가능한 실제적 문제 상황 제시와 함께 해결자의 역할을 부여함으로서 학습자로 하여금 학습에 대한 주인의식을 갖고 문제해결을 하도록 한다.

소집단학습 활동, 문제해결력, 자기주도 학습능력 등 이 세 가지 평가측면을 토대로 하여 설정한 평가준거와 구체적인 평가내용을 요약 정리하면 <표 Ⅲ-5>와 같다.

<표 Ⅲ-5> 평가준거 및 평가내용

평가측면	평가준거	평가내용
소집단 활동	1. 토론참여도	- 토론에의 적극성 - 진행에 도움이 되는 발언/태도
	2. 의사소통력	- 공감, 경청, 예의, 발표능력
문제해결	3. 문제해결력	- 문제의 다각적 분석 - 가설의 논리적 도출 - 비판적 사고 및 창의적 사고
자기주도 학습	4. 정보수집 및 활용력	- 학습결과 게시물의 충실도 - 다양한 정보의 수집과 활용 - 자기주도 학습능력
	5. CUG 참여도	- 온라인상에서의 활발한 상호작용

2) 동료평가

동료평가표는 앞에서 제시한 튜터평가표와 동일하다(표 Ⅲ-4). 문제중심학습 수업 전에 학생들에게 평가준거가 적혀있는 평가표를 공지 받는데, 이와 같이 학생들에게 미리 평가준거를 알려주는 것은 학생들로 하여금 자신의 학습준비도, 학습만족도 등을 스스로 생각하고 반성할 수 있는 기회를 주려는 데에 그 목적이 있었다. 학생들은 세 번의 문제중심학습 수업을 하는 동안 같은 학생들과 같은 장소에서 공부를 하게 된다. 따라서 학생들이 동료평가를 가볍게 생각하고 건성으로 평가한다거나 점수를 일률적으로 높게 매기는 경우를 방지하기 위해서 수업 전에 동료평가 실시에 대한 중요성을 학생들에게 강조하고 성의 있는 평가를 당부하였다. 동료평가는 튜터와 학생 모두가 있는 자리에서 작성하였다. 동료평가의 결과는 성적에 반영되지 않았으며 학생들에게 동료평가 결과를 공개하지 않았다.

3) 자기평가

자기평가 또한 튜터평가나 동료평가의 평가준거와 동일하다(표 Ⅲ-5). 자기평가는 교수 주도의 평가방법에서 탈피하여 학생 스스로 자신의 학습 스타일을 규명하고 학습의 특징을 재조명해 봄으로써 학업성취도와 학습태도 등을 개선하는 데에 그 목적이 있다. 튜터와 마찬가지로 수업을 마친 학생들은 자신의 성적을 직접 기재를 하는데, 우수는 8점-10점, 보통은 5점-7점, 부족은 2점-4점을 자기평가표에 기재한다. 자기평가 또한 성적에 반영되지 않았으며, 동료평가와 함께 작성하도록 하였다.

4) 성찰일기

문제중심학습 수업을 하기 전까지 학생들은 주로 추상적인 개념으로서의 지식에 먼저 접하고 나중에 그것을 실제 상황에 적용해 보도록 요구된다. 그러나 문제중심학습에서 학생들은 먼저 구체적인 경험, 즉 실제적 성격의 '문제'로부터 시작한다. 그런 다음에 그 활동과 경험을 깊이 생각해 볼 기회를 갖는다. 이것은 곧 성찰일기 작성으로 이어진다. 성찰일기는 학생들이 학습한 내용과 실제 생활과의 연결이자 적용을 얼마만큼 하고 있는지를 알 수 있다. 주어진 구체적인 문제를 해결하는 동안 새로 익힌 것을 이전의 경험과 얼마만큼 잘 연결시키고, 새로이 경험한 것의 일반화를 얼마나 잘 하고 있는지를 점검할 수 있다(Barrows, 1985). 학생들은 첫 번째 만남 이후와 두 번째 만남 이후 두 번의 성찰일기를 작성하고 튜터는 그것을 읽고 평가한다. 아쉬운 점은 학생들의 작성한 성찰일기에 대한 되먹임 과정이 없다는 것이다. 몇 몇의 튜터는 성찰일기에 대한 소감을 CUG에 올리기도 하지만 원칙상 성찰일기에 대한 점수나 코멘트를 하지 않고 있다. 그러나 일부의 튜터는 성찰일기를 통해서 학생들이 수업에서 겪고 있는 어려운 점을 알게 됨으로써 튜터로서 학생들을 안내하는데 도움을 받았다고 하였다.

<표 Ⅲ-6> 성찰일기의 내용

내 용
1. 오늘 나는 무엇을 배웠는가?
2. 어디서 어떻게 그것을 배웠으며, 그것은 문제해결과 어떤 연관성이 있는가?
3. 나의 학습의 개선점은 무엇인가?
4. 오늘 우리 조가 나눈 토론의 방향은?
5. 앞으로 우리 조가 더욱 깊게 연구해야 할 방향이나 내용은 무엇인가?

<성찰일기 예시>

혼자 공부해 온 것으로는 지식이 너무나 부족했지만 서로 다른 학습목표를 조사하여 조금씩 다른 의견을 제시하는 조원들을 통해서 많은 것을 배웠다. 그들은 내가 미처 조사하지 못한 여러 issus들에 대한 지식을 제공하여 주었고 효율적으로 시야를 넓혀주었으며 그 결과 문제해결에 도움이 되었다. 그러나 이러한 시너지 효과도 좋지만 또 다른 방면에서 보면 너무 그룹이 마음이 맞아서 한 곳으로만 이끌어 가서 다른 의견을 제시하기가 약간 어렵다는 것을 느꼈다.

신장학 블록은 PBL로 시작되었다. 이러한 방식은 수업시간에 배운 내용에만 집착하지 않고 전체적으로 큰 틀을 잡을 수 있고 자유롭게 공부할 수 있어서 좋은 것 같다. 수업을 들으면서 PBL에 집중하기가 쉽지 않았는데 이렇게 PBL만 하니 숙제를 할 시간이 여유로워서 좋고 앞으로 수업하게 될 내용에 대해 알고 싶어 하는 적극적인 마음가짐이 생긴다.

빠르게 진행하다보니 놓치고 지나가는 부분이 생겼다. 학습목표 설정에서 감염이나 혈액형 문제 등 빠뜨리고 지나간 부분이 아쉽다. 그러나 다소 부족한 부분이 있었다고 해도, 우리 학생들끼리 사례에 대해 고민하고 머리를 모으는 과정은 즐거운 경험이었고 보다 공부를 해야겠다는 필요성을 느낄 수 있었다. 확실히 강의록만 달달 외우는 것보다 책을 뒤져가며 공부하는 것이 훨씬 재미있다는 것을 느꼈다. ……중략……환자를 다루는데 있어 고려할 사항이 얼마나 많은지 알 수 있었다. 감염관리의 경우

사소한 부주의로 환자는 치명적인 상태에 빠질 수 있고,
보험문제, 환자의 경제사정, 환자의 심리상태 등 의사로
서 고려해야 할 사항이 참으로 많다는 것을 알았다.

5) 개념도 그리기

개념도란 Novak 등이 명제가 개념과 개념들 간의 유의미한 관
계로 연결된 것임에 착안하여 개발한 것으로, 개념과 개념들 간의
관계를 '노드(node)'와 '연결선(link)'으로 공간적으로 나타낸 것이
다. 노드란 타원이나 네모 칸 안에 개념이나 주요 단어를 넣은 것
을 말하고, 연결선은 그 노드 사이를 연결한 선을 말한다. 이 연결
선에는 개념 사이의 관계를 나타내는 문장을 표현할 수 있다. 개
념도를 구성할 때에는 전체 학습 자료 내에 포함된 개념을 규정하
고 이들 개념들을 가장 일반적이고 포괄적인 개념들로부터 가장
구체적이고 특정한 개념으로 이루어지는 위계적인 배열로 조직한
다(Novak & Gowin, 1984). 개념도는 개인별 개념 이해 정도를
평가하고 튜터의 교수방법을 개선하는데 이용될 수 있다. A 의과
대학에서 실시한 개념도 그리기는 Novak 등이 제시한 개념도 그
리기를 변형하여 적용하였으며, 채점은 Novak의 정량적 평가방법
을 통해 이루어졌다. 개념도는 세 번의 수업을 마치고 마지막 시
간에 그리게 되는데 시험 방식은 오픈북(open book)이었으며, 튜
터가 있는 자리에서 그리도록 하였다.

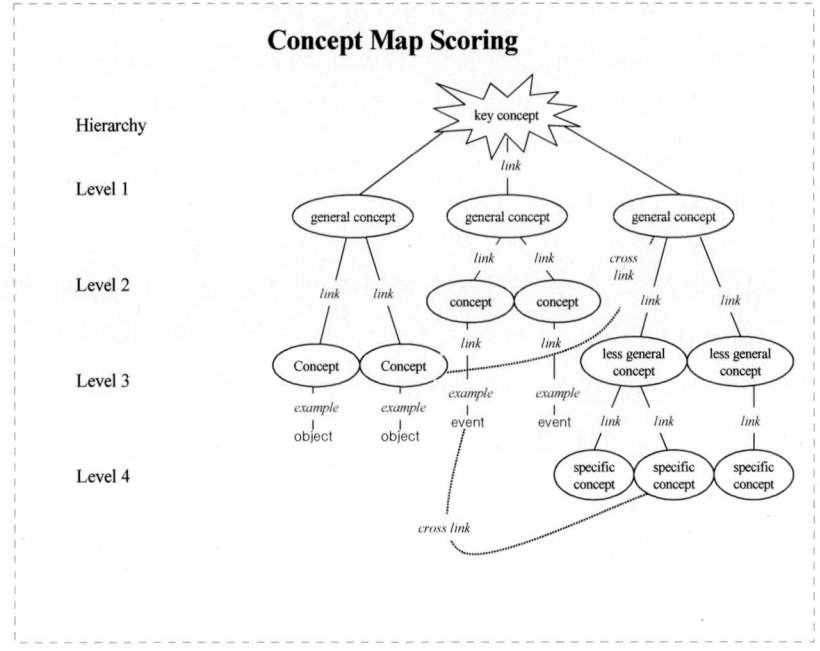

[그림 Ⅲ-1] 개념도 예시

(1) 개념도 작성법: Novak 등의 개념도를 응용한 작성법
을 소개하면 아래와 같다.

① 모듈 개발자는 해당 모듈에서 유의미한 개념 10개를 학생들에
게 공지한다. 학생들은 공지된 10개의 개념들을 포함하여 모
듈에서 다루었던 개념들과 함께 개념도를 작성한다. 학생들은
어떤 개념이 가장 중요하고 포괄적인 것인지를 먼저 결정해야
한다.

② 가장 포괄적인 개념을 리스트의 가장 위에 오게 한다. 그 다
음으로 일반적이고 포괄적인 개념을 위치시켜 가면서 모든 개
념을 위계적으로 위치시킨다.

③ 위에서 작성한 개념 리스트를 바탕으로 개념도를 구성한다.

④ 개념도에서 개념간의 교차결합을 찾아본다. 여러 번의 개념도를 구성할수록 학생들이 개념과 개념간의 관계를 이해하고 있는 정도를 잘 표현할 수 있다.

　　(2) 개념도 점수 매기기: Novak(1984)의 점수환산법[1]

① 명제 (Proposition): 두 개념들 간의 의미 관계가 두 개념 간의 연결선과 연결 단어로 나타나고 있는가? 관계가 타당한가? 유의미하고 타당한 명제일 경우 1점을 준다. $1 \times 13 = 13$점

② 위계 (Hierarchy): 개념 간의 위계가 나타나고 있는가? 하위의 개념이 상위의 개념보다 구체적이고 덜 일반적인가? 위계가 타당한 경우 각 5점을 준다. $4 \times 5 = 20$점

③ 교차결합 (Cross link): 만일 한 개념의 위계관계와 다른 개념의 위계관계를 맺는 교차결합이 타당하고 유의미하면 각 10점, 교차결합이 타당하지만 각 위계관계의 통합을 보이지 못하면 각 2점을 준다. 교차결합은 창의력을 타나내므로 교차결합을 규명하고 점수화할 때는 주의해야 한다. 독특하거나 창조적인 교차결합에는 특별히 관심을 갖는다든지 예외점수를 줄 수도 있다. $2 \times 10 = 20$점

④ 예시 (Example): 어떤 개념에 대한 구체적인 사건이나 사물이 타당한 예시라면 1점을 준다. $4 \times 1 = 4$

---

1) 개념도를 채점하는 데는 Novak의 개념도 점수환산법 외에도 정성적 분석을 사용할 수 있다. 정성적 분석은 학생들의 개념도를 전문가적 입장에서 누락된 개념들의 연계나 잘못 규정된 명제들을 찾아내는 방법이다(장옥화, 1992, pp.43-41).

6) 선다형 지필시험

2-3주 간의 통합교육 수업을 마친 후 175명의 학생들은 기말 시험을 보았다. 시험문제는 각 통합교육을 담당했던 강사들이 출제하였다. 혈액학 통합교육의 경우, 총 문항수는 104문제였으며, 소요시간은 2시간 10분이었다. 모두 객관식으로 이루어졌고 답안은 OMR 처리되었다. 기말시험은 해당 통합교육에서 관리를 하기 때문에 연구자는 통합교육 책임교수의 양해를 얻어 최종 점수만을 얻을 수 있었다.

<시험 문제 예시>

시험은 모두 객관식입니다. 객관식 답안지에 번호와 성명을 쓴 후 답을 컴퓨터용 펜으로 표시하고 시험이 끝난 후 시험문제는 모두 가져가도 좋습니다.

1. 다음 어느 장기를 제거하면 혈소판이 일시적으로 증가하는가?

   ① liver
   ② spleen
   ③ thymus
   ④ bone marrow
   ⑤ kidney

2. 엽산에 대해 맞게 기술한 것은?

   가. terminal ileum에서 주로 흡수된다.
   나. 섭취 중단 시 수개월내 결핍이 생길 수 있다.
   다. 결핍 시 신경계 증상이 수반될 수 있다.
   라. purine, dTMP, methionine과 같은 building block을 만드는데 기여한다.

   ① 가, 나, 다   ② 가, 다   ③ 나, 라
   ④ 라   ⑤ 가, 나, 다, 라

3. 분석방법

본 연구에서는 연구의 가설을 검증하기 위해서 SPSSwin® 12.0 통계프로그램을 활용하여 다음과 같이 분석하였다.

1) 튜터평가, 자기평가, 동료평가의 점수 간의 관계를 알아보기 위해서 Pearson의 적률상관 계수를 구하였다. 평가주체별로 유의미한 통계적으로 차이가 있는지를 알아보기 위해서 F검정을 실시하였으며, 특정 주체가 다른 주체에 비해 의미 있게 차이 나는 것을 검증하기 위해서 Scheffé 사후검정을 하였다. 평가주체 간의 상관관계를 통해서 어느 한 평가가 다른 평가의 타당한 예언변수가 될 수 있음을 밝힐 수 있다.

2) 1차, 3차 두 번의 수업에서 평가준거의 점수가 통계적으로 유의한 차이가 있는지를 알아보기 위해서 튜터평가, 자기평가, 동료평가별로 대응표본 t검정을 실시하였다. 이것은 문제중심학습 수업을 시작한 초기에 비해 나중에 학생들의 능력이 어느 정도 향상되었는지를 평가준거별로 알아보기 위함이다.

3) 평가주체별로 평가점수의 관대함과 집중화 정도를 알아보기 위해서 편포도(skewness)와 첨도(kurtosis)를 구하였다. 편포도는 분포가 기울어진 방향과 그 기울어진 정도를 나타내는 척도이며, 단봉분포에서 긴 꼬리가 왼쪽에 있으

면 -값, 그 반대의 경우는 + 값을 갖는다. 편포도 계산 값의 절대 값이 클수록 분포의 비대칭 정도가 커진다. 첨도의 값은 분포형태가 뾰족한 정도를 나타내며, 정상분포에서 첨도는 0이며, + 값은 분포가 뾰족하다는 것을 의미하며, -값은 분포가 납작하다는 것을 의미한다. 편포도와 첨도를 통해서 튜터평가, 자기평가, 동료평가의 특징을 알아볼 수 있다.

4) 평가주체에 가장 큰 영향을 주는 평가준거가 무엇인지를 알아보기 위해서 단계선택 방법(stepwise)으로 중다회귀분석을 사용하였다. 단계선택은 관련된 변수들 가운데 설명력이 높은 중요한 변수 순으로 투입되다가 새롭게 투입되는 변수가 설명하는 정도가 유의수준 .05에서 유의하지 않을 때 변수 투입이 중단되는 방법이다. 이러한 방법은 평가결과에 영향을 미치는 평가준거가 수업과정에서 평가주체별로 어떻게 다른가를 확인하는데 유용하다.

5) 튜터평가, 자기평가, 동료평가 점수는 선다형 지필시험 점수와 어떤 관련이 있는지를 알아보고, 선다형 지필시험 점수를 상위 30%, 하위 30%로 나누어 각각의 평가 점수를 살펴보았다. 상위 집단과 하위 집단 간의 평균 점수의 차이가 유의미하게 있는지를 알아보기 위해서 t검정을 실시하였으며, 각 집단 간의 차이를 시각적으로 보기 위해서 그래프 그렸다. 이 연구를 통해 인지적 학업성취를 측정하고자 한 선다형 지필시험과 문제중심학습의 평가 점수들 간에 얼마나 일관성이 있는지를 알 수 있을 것이다.

6) 평가방법들이 서로 동일한 성취영역을 측정하고 있는지를 알아보기 위해서 Pearson의 적률상관 계수를 구하였다. 본 연구에서는 문제중심학습에서 얻은 점수를 교과목에서 얻은 점수와 동일하게 학업성취도로 간주하여 선다형 지필시험 점수와 문제중심학습의 평가 점수를 그 비교 대상으로 하였다. 문제중심학습에서의 평가점수가 선다형 지필시험 점수와 높지 않은 상관을 가질 때 문제중심학습 평가의 타당성을 간접적으로 검증하는 것이 될 것이다.

7) 튜터별로 나누어진 22개조 간 일치도를 알아보기 위해서 조별 평균 점수를 이용하여 F검정을 실시하였으며, 표준점수 공식을 이용하여 튜터평가의 원점수와 표준점수를 비교하고 학생들의 석차의 변화를 알아보았다. 그리고 조별 내 세 명의 튜터 점수의 일치도를 알아보기 위해서 Friedman의 반복측정검정을 실시하였다. Friedman 검정은 임의구획 설계나 반복측정설계에서 F검정의 대안이 된다. 따라서 Friedman 검정은 N개의 대상을 K번 반복 측정하는 실험설계에서 K번 측정 사이에 차이가 있는가를 분석하는 절차에 적합하다(박정식, 윤영선, 2002). Friedman의 반복측정검정과 같은 비모수통계를 적용한 이유는 각 조의 학생 수가 7-8명으로 모집단의 수가 작으며, 튜터평가의 점수가 정규분포를 이루고 있지 않았기 때문이다.

Ⅳ. 연구결과

1. 문제중심학습에서 평가주체에 따른 점수 비교

튜터평가, 자기평가, 동료평가 점수 간의 상관정도를 알아보고, 평가의 시기에 따라 상관정도가 어떻게 다르며 평가주체간의 점수 차이가 통계적으로 유의미한지를 알아보았다. 평가시기에 따라 평가주체의 관대화 및 집중화 경향의 변화를 살펴보고 각 평가주체에 따라 영향을 미치는 평가준거가 무엇인지를 살펴보았다.

1) 튜터평가, 자기평가, 동료평가 점수 간의 관계

2004년 6월에 시행한 1차 문제중심학습 수업에서 튜터평가, 자기평가, 동료평가 점수 간의 상관관계는 <표 Ⅳ-1>과 같다.

<표 Ⅳ-1> 1차 수업에서의 튜터, 자기, 동료평가 점수 간의 상관관계

	튜터평가	자기평가	동료평가
튜터평가	1.00		
자기평가	.16	1.00	
동료평가	-.07	.32**	1.00

** $p < .01$

<표 Ⅳ-1>에 의하면, 자기평가와 동료평가 점수 간에는 유의미한 상관이 있으나(p<.01), 상관계수가 .32로 상관 정도가 낮은 편이라고 볼 수 있다. 튜터평가와 자기평가 점수 간에는 .16으로 상관이 매우 낮았으며, 튜터평가와 동료평가 점수 간에는 -.07로 상관이 거의 없었다.

<표 Ⅳ-2> 2차 수업에서의 튜터, 자기, 동료평가 점수 간의 상관관계

	튜터평가	자기평가	동료평가
튜터평가	1.00		
자기평가	.18*	1.00	
동료평가	-.11	.34**	1.00

* p<.05 ** p<.01

7월에 시행한 2차 문제중심학습 수업에서 튜터평가, 자기평가, 동료평가 점수 간의 상관관계는 <표 Ⅳ-2>와 같다. <표 Ⅳ-2>에 의하면, 자기평가와 동료평가 점수 간에는 유의미한 상관이 있으나(p<.01), 상관계수가 .34로 상관 정도가 낮았다. 튜터평가와 자기평가 점수 간에도 유의미한 상관이 있었으나(p<.05) 상관계수 .18로 상관의 정도가 매우 낮았다. 튜터평가와 동료평가 점수 간에는 유의미한 상관이 없었지만, 상관계수 -.11로 낮은 부적상관을 나타내었다.

8월에 시행한 3차 문제중심학습 수업에서 튜터평가, 자기평가, 동료평가 점수 간의 상관관계는 <표 Ⅳ-3>과 같다. <표 Ⅳ-3>에 의하면, 튜터평가와 자기평가 점수의 상관계수가 .22이었고, 자기

평가와 동료평가 점수 간의 상관계수는 .21로 상관 정도가 낮았으
며, 튜터평가와 동료평가는 상관계수 .07로 상관이 거의 없었다.

　연구결과, 1차, 2차, 3차 문제중심학습 모두 자기평가와 동료평
가 점수 간에는 유의미한 상관이 있었으나($p < .01$), 튜터평가와 동
료평가 간에는 상관이 거의 없었다. 2차와 3차 수업에서 튜터평
가와 자기평가 점수 간에는 상관정도가 매우 낮았다.

<표 Ⅳ-3> 3차 수업에서의 튜터, 자기, 동료평가 점수 간의 상관관계

	튜터평가	자기평가	동료평가
튜터평가	1.00		
자기평가	.22*	1.00	
동료평가	.07	.21**	1.00

　* $p < .05$ ** $p < .01$

　평가시기에 따라 평가주체(튜터, 학생자신, 동료) 간의 평균점
수가 통계적으로 유의미한지를 알아보았다(표 Ⅳ-4). <표 Ⅳ-4>
에 의하면, 1차, 2차, 3차 수업 모두 평가주체 간에 따라 점수의
차이가 통계적으로 유의미하게 나타났다($p < .05$). 1차 수업의 경
우, 튜터평가 평균점수는 36.50, 자기평가는 38.46, 동료평가는
41.71로 동료평가의 점수가 가장 높았으며, 2차, 3차도 마찬가지
로 동료평가의 평균점수가 다른 두 평가자의 점수보다 높았다.
반면, 튜터평가의 점수는 1차, 2차, 3차 모두 동료평가나 자기평
가의 점수에 비해 낮았으며 이것은 Scheffé 사후검정을 통해서
유의미하게 밝혀졌다(표 Ⅳ-5).

<표 IV-4> 평가시기에 따른 평가주체 간의 점수 비교

평가시기	평가주체	평균	표준편차	F	유의확률
1차 수업	튜터평가	36.50	3.77	14.49	.00*
	자기평가	38.46	2.78		
	동료평가	41.71	2.90		
2차 수업	튜터평가	36.53	3.06	22.59	.00*
	자기평가	39.08	2.66		
	동료평가	42.26	2.48		
3차 수업	튜터평가	36.76	4.73	12.79	.00*
	자기평가	40.29	3.17		
	동료평가	42.52	3.25		

* $p < .05$

<표 IV-5> 평가주체 간 Scheffé 사후검정 결과

	자기평가	동료평가
튜터평가	*	
자기평가		*
동료평가	*	

* $p < .05$

Scheffé 사후검정을 통해서 어느 평가주체가 다른 어느 평가주체와 의미 있게 차이가 있는지를 알아본 결과(표 IV-5), 튜터평가와 자기평가, 동료평가와 자기평가, 자기평가와 동료평가 점수 간에 모두 유의한 차이가 있었다. [그림 IV-1]에서 보듯이, 동료평가>자기평가>튜터평가 순으로 점수가 매겨졌으며, 자기평가의 경우 1차에서 3차의 점수 상승폭이 가장 컸다. 1차, 2차, 3차 모두 학생자신이 동료들에 비해 자신의 점수를 낮게 부여한 것은 겸양의 효과 때문으로 볼 수 있을 것이다.

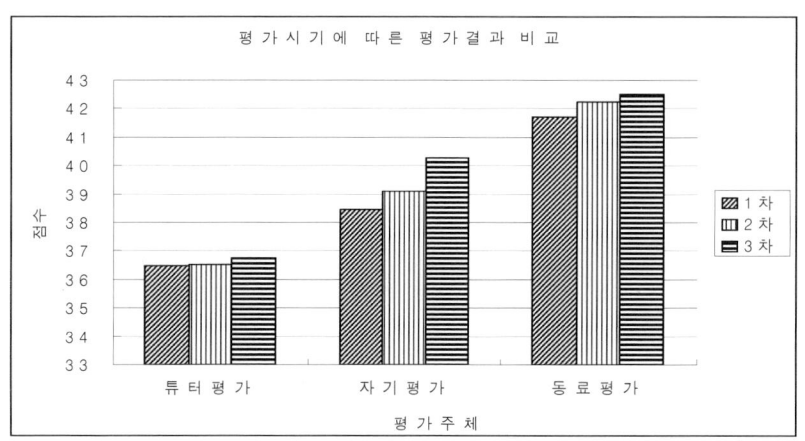

[그림 Ⅳ-1] 평가시기에 따른 평가주체 간의 점수 비교

평가시기에 따라 각 평가준거 간의 차이가 있는지를 알아보기 위해서 1차 수업과 3차 수업의 점수를 사용하여 대응표본 t검정을 실시하였다. 이미 앞에서 1차, 2차, 3차 평가시기에 따라 튜터평가, 자기평가, 동료평가 각각의 점수는 유의미한 차이가 있음을 검증한 바 있다(표 Ⅳ-4). 여기서 실시한 것은 토론참여도, 의사소통력, 문제해결력, 정보수집력, CUG 참여도의 평가준거 점수의 차이가 평가시기에 따라 어떻게 다른지를 알아보기 위함이었다.

<표 IV-6> 평가시기에 따른 평가준거의 점수 비교

평가준거	평가시기	평가주체					
		튜터평가		자기평가		동료평가	
		평균	유의확률	평균	유의확률	평균	유의확률
토론참여도	1차	7.21	.11	7.78	.17	6.92	.01*
	3차	7.44		7.95		7.69	
의사소통력	1차	7.29	.30	7.81	.01*	7.15	.03*
	3차	7.48		8.12		7.80	
문제해결력	1차	7.18	.32	7.58	.00*	6.99	.01*
	3차	7.33		7.96		7.73	
정보수집력	1차	7.53	.62	7.72	.00*	7.16	.01*
	3차	7.61		8.18		7.89	
CUG참여도	1차	7.31	.05	7.42	.00*	6.99	.01*
	3차	6.89		8.00		7.74	

* p<.05

대응표본 t검정결과(표 IV-6), 튜터평가의 경우, 3차 수업의 준거점수 예컨대, 토론참여도, 의사소통력, 문제해결력, 정보수집력 등의 점수가 1차 수업의 준거점수보다 약간씩 높았으나, CUG 참여도 점수는 오히려 3차 수업의 준거점수(6.89)가 1차 수업의 준거점수(7.31)보다 통계적으로 유의미한 차이는 아니었지만 점수가 낮았다.

자기평가의 경우는 토론참여도, 의사소통력, 문제해결력, 정보수집력, CUG 참여도 등 모든 평가준거에서 3차 수업의 점수가 1차 수업의 점수보다 높았으며, 준거들 중에서 의사소통력, 문제해결력, 정보수집력, CUG 참여도 점수는 통계적으로 유의미한 차이가 있었다(p<.05). 동료평가는 모든 평가준거에서 1차 수업에서 보다 3차 수업에서 점수가 통계적으로 유의하게 높았다(p<.05).

수업이 거듭됨에 따라, 학생들은 문제중심학습 수업에서 요구하는 능력들이 향상되었다고 평가하였다. 그러나 튜터평가의 경우 CUG 참여도 점수는 오히려 3차 수업 때에 더 낮았는데, 이러한 결과는 수업을 할수록 학생들이 온라인 사용에 대해서 매너리즘에 빠질 수도 있다는 것을 시사한다. 온라인상에서 활발한 활동이 이루어지기 위해서는 튜터의 역할이 특별히 요구된다고 할 수 있다.

평가시기에 따라 튜터평가, 자기평가, 동료평가의 점수의 변화가 어떤 양상으로 이루어지는가를 알기 위해서 편포도와 첨도를 구하고 그래프를 그렸다. 편포도와 첨도를 구한 결과는 <표 Ⅳ-7>과 같다. 편포도는 그래프의 기울기를 나타내 주며, +값은 왼쪽으로, -값은 오른쪽으로 편중되어 있음을 말해준다. 음의 기울기 값이 크면 클수록 관대화 경향이 심하다고 볼 수 있다. 여기서 관대화 경향이란 평가자가 피평가자의 실제 능력보다도 더 높게 평가하는 경향을 말한다.

<표 Ⅳ-7> 평가시기에 따른 평가주체 간의 관대함과 집중화 정도

차 수	평가주체	학생수	평균	편포도	첨도
1차 수업	튜터평가	175	36.50	-.83	1.40
	자기평가	151	38.46	-.57	-.35
	동료평가	152	41.71	-1.16	1.46
3차 수업	튜터평가	175	36.76	-.06	.05
	자기평가	155	40.29	-1.06	.84
	동료평가	163	42.52	-.65	1.13

* $p < .05$

<표 Ⅳ-7>을 보면, 1차 수업에서는 동료평가가 편포도 값 -1.16으로 관대화 경향이 가장 심하며, 3차 수업에서는 자기평가가 -1.06으로 관대화 경향이 심했다. 수업이 거듭됨에 따라, 학생들은 자기 자신에 대해서 점수를 높게 주고 있음을 알 수 있었다[그림 Ⅳ-2].

첨도의 값은 분포형태가 뾰족한 정도를 나타낸다. + 값은 분포가 뾰족하다는 것을 의미하며, - 값은 분포가 납작하다는 것을 의미한다. 첨도 값이 클수록 집중화 경향이 심하다고 볼 수 있다. 여기서 집중화 경향이란 평가 점수가 표준등급에 집중되어 우열의 차이가 나타나지 않는 경향을 말한다. 연구결과에 의하면(그림 Ⅳ-3), 수업이 거듭될수록 학생들은 너무 낮거나 너무 높지 않은 일정한 점수(42점-45점)를 동료에게 부여한 것으로 볼 수 있다.

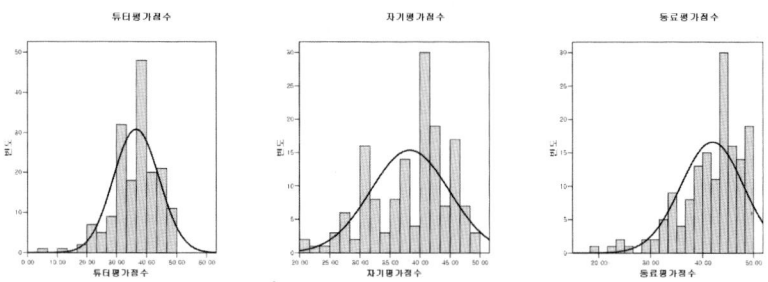

[그림 Ⅳ-2] 평가주체 간의 관대함과 중심화 정도: 1차 수업

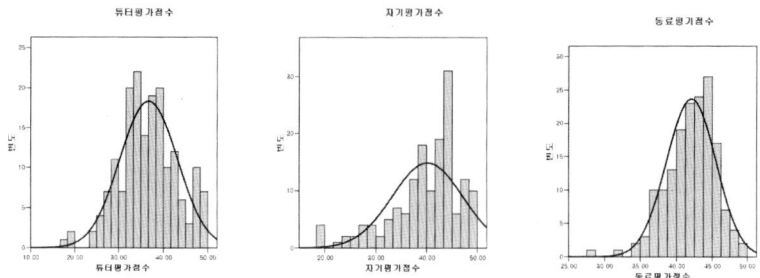

[그림 Ⅳ-3] 평가주체 간의 관대함과 중심화 정도: 3차 수업

3차 수업의 그래프를 보면(그림 Ⅳ-3), 동료평가의 첨도 그래프가 가장 뾰족하다. 이는 학생들이 동료평가의 의미를 가볍게 받아들이고 적당하게 평가를 하였을 가능성과 담합의 가능성을 시사한다.

동료평가를 마친 학생들과 인터뷰 한 결과, 학생들은 동료들을 평가하는데 매우 부담을 느끼고 있으며 동표들에 비친 자신의 모습을 의식하고 있었다. 아래 내용은 동료평가의 특징을 이해하는 데 도움을 준다.

동료평가는 하지 않았으면 좋겠습니다. 친구끼리 어떻게
평가를 해요.

동료평가는 객관적이지 못하다고 생각합니다. 평가의 기
준이 너무 주관적인 것 같아요. 점수를 매기는 것보다.
차라리 개개인에 대해서 코멘트를 해 주는 형식으로 바
뀌는 것이 더 나을 것 같아요. 우리에게 도움도 되고요.
표현을 하지 않으면 잘 모르는 사람으로 취급당하는
거……너무 싫어요.

2) 튜터, 자기, 동료평가에 영향을 미치는 평가준거

튜터평가, 자기평가, 동료평가에 영향을 미치는 평가준거가 각
각 무엇인가를 알아보기 위해서 단계선택 방법으로 중다회귀분석
을 하였다. 즉, 토론참여도, 의사소통력, 문제해결력, 정보수집력,
CUG 참여도 등의 평가준거들 중에서 튜터평가, 자기평가, 동료
평가에 가장 큰 영향을 주는 준거가 각각 무엇인지를 알아보았는
데, 이 연구를 통해서 튜터와 학생 간의 평가 관점의 차이를 확
인할 수 있었다.

<표 Ⅳ-8> 튜터평가에 영향을 미치는 평가준거

준 거	R^2	표준화계수 β	t	유의확률
문제해결력	.66	.81	17.96	.00*
의사소통력	.84	.46	13.35	.00*
CUG참여도	.94	.37	18.10	.00*
토론참여도	.97	.02	11.75	.00*

* p<.05

튜터평가에 영향을 미치는 평가준거를 알아보기 위해서 회귀분석을 한 결과(표 Ⅳ-8), 튜터평가의 평가준거 5개, 즉, 토론참여도, 의사소통력, 문제해결력, 정보수집력, CUG 참여도 중에서 튜터평가에 영향을 미치는 준거는 문제해결력, 의사소통력, CUG 참여도 순서였다(p<.05). '문제해결력'은 튜터평가 점수의 총 변화량의 66.6%로 튜터평가 점수에 가장 큰 영향을 미치는 것으로 나타났다. 다음으로 의사소통력은 튜터평가 점수의 총 변화량의 17.6%, CUG 참여도는 10.7%, 토론참여도는 2.8%를 각각 설명해 주었다(p<.05).

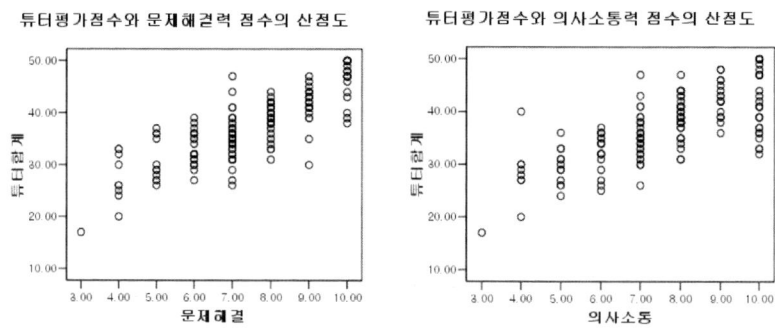

[그림 Ⅳ-4] 튜터평가, 문제해결력, 의사소통력 점수 간의 관계

튜터평가 점수에 큰 영향을 미치는 문제해결력과 의사소통력의 점수를 튜터평가 점수와 그 상관정도를 산포도를 그려 알아보았다[그림 Ⅳ-4]. 튜터평가 점수와 문제해결력 점수의 상관계수는 .81이었으며, 튜터평가 점수와 의사소통력 점수와의 상관계수는 .73으로 높은 상관을 나타내었다. 산포도 그림을 통해서 튜터평가와 문제해결력, 의사소통간의 높은 상관을 다시 확인할 수 있었다.

<표 IV-9> 자기평가에 영향을 미치는 평가준거

준 거	R^2	표준화계수 β	t	유의확률
문제해결력	.76	.87	21.78	.00*
정보수집력	.90	.51	15.32	.00*
의사소통력	.95	.33	13.46	.00*
CUG참여도	.98	.25	14.84	.00*

* p<.05

자기평가에 영향을 미치는 평가준거를 알아보기 위해서 회귀분석을 한 결과(표 IV-9), 튜터평가의 5개의 평가준거 중에서 영향을 가장 미치는 것은 '문제해결력'이었으며, 다음으로 정보수집력, 의사소통력, 그리고 CUG 참여도 순으로 나타났다(p<.05). 튜터평가와 마찬가지로 '문제해결력' 평가준거가 자기평가 점수의 총 변화량의 76.0%를 설명함으로써 가장 영향을 크게 미치는 것으로 나타났다. 정보수집력은 14.7%를, 의사소통력은 5%를, CUG 참여도는 2.5%를 각각 설명하였다.

<표 IV-10> 동료평가에 영향을 미치는 평가준거

준 거	R^2	표준화계수 β	t	유의확률
정보수집력	.88	.93	33.19	.00*
토론참여도	.94	.39	13.06	.00*
CUG참여도	.97	.29	15.28	.00*
의사소통력	.99	.25	17.53	.00*

* p<.05

　동료평가에 영향을 미치는 평가준거를 알아보기 위해서 회귀분석을 한 결과(표 Ⅳ-10), 튜터평가의 5개의 평가준거 중에서 영향을 가장 미치는 것은 '정보수집력'이었으며, 다음으로 토론참여도, CUG참여도, 의사소통력 순으로 나타났다(p<.05). 동료평가에 가장 영향을 미치는 준거로서 '정보수집력'이 전체 변화량의 88.2%를 설명하였으며, 토론참여도가 6.3%, CUG참여도가 3.4%, 의사소통력이 1.4%를 설명하였다. 튜터평가나 자기평가에서 가장 설명력이 높았던 문제해결력은 동료평가에서는 설명 변수에서 제외되었다. 연구결과, 학생들은 동료들을 평가할 때, 자기 자신과는 다른 평가준거를 적용하여 점수를 매기는 것을 알 수 있었다.

3) 지필시험 점수에 따른 튜터, 자기, 동료평가 점수 비교

　학업성취와 자기평가 점수의 관계를 연구한 Boud와 Falchikov(1989)에 의하면, 학업성취가 높은 학생들이 자신의 능력을 과소평가 하는 경향이 있으며 반면, 학업성취가 낮은 학생들은 자신의 능력을 과대평가하는 경향이 있었다. 본 연구는 먼저, 통합교육 기말시험이었던 선다형 지필시험과 튜터평가, 자기평가, 동료평가 간의 점수를 비교하고 구체적으로 선다형 지필시험 점수에 따라 튜터평가, 자기평가, 동료평가의 점수가 어떻게 다른지 알아보았다.

<표 IV-11> 튜터, 자기, 동료평가 점수와 지필시험과의 상관관계

	튜터평가	자기평가	동료평가	지필시험
튜터평가	1.00			
자기평가	-.04	1.00		
동료평가	-.15	.29**	1.00	
지필시험	.43**	-.12	-.01	1.00

** p<.01

연구결과(표 IV-11), 튜터평가와 선다형 지필시험 간의 상관계수는 .43이고, 자기평가와 동료평가의 상관계수는 .29로 상관 정도는 약하지만 서로 유의미한 상관을 보였다(p<.01). 튜터평가와 자기평가, 튜터평가와 동료평가 점수 간에는 상관계수가 각각 -.04, -.15로 유의미한 상관이 없었으며, 동료평가와 선다형 지필시험 간에도 상관계수 -.01로 상관이 거의 없었다.

<표 IV-12> 지필시험 점수에 따른 튜터, 자기, 동료평가 점수 비교

	상위집단	하위집단	t	유의확률
튜터평가 점수	41.46	33.12	4.99	.00*
자기평가 점수	40.06	36.46	2.16	.03*
동료평가 점수	41.70	40.55	.79	.43

* p<.05

연구결과(표 IV-12), 지필시험 점수가 높은 학생들이 튜터평가 점수도 높게 받았으며, 자기 자신에 대해서도 높은 점수를 부여

한 것으로 나타났다(p<.05). 그러나 동료평가의 경우에는 지필시
험 점수가 높은 집단과 낮은 집단 간의 유의미한 차이가 없었다.
학생들이 동료를 평가하는데 지필시험 점수는 영향을 미치지 않
는 것으로 나타났다. 지필시험 점수의 상위 집단과 하위 집단의
점수에 따른 튜터평가, 자기평가, 동료평가의 점수 분포를 그래프
로 나타내면 [그림 Ⅳ-5]와 같다.

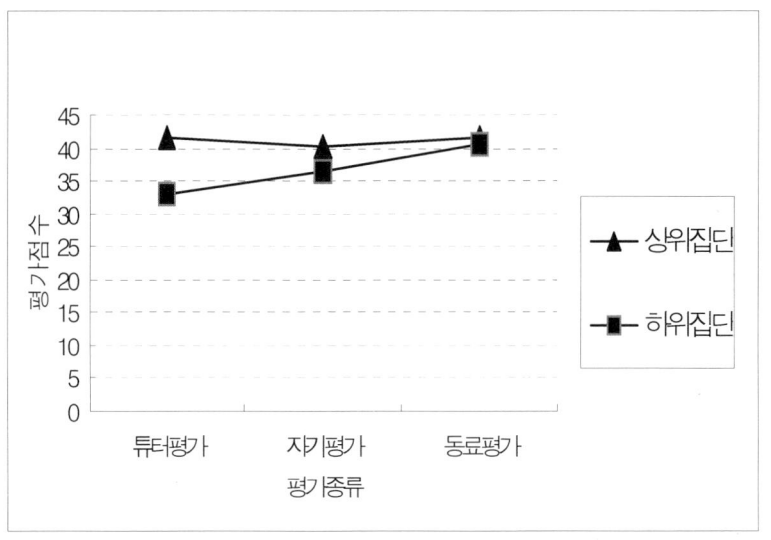

[그림 Ⅳ-5] 지필시험 점수에 따른 튜터, 자기, 동료평가 간의 차이

이러한 결과는 기존의 학업성취와의 관계를 알아본 Boud &
Falchikov의 연구와 상이한 결과이다. 본 연구의 결과로 인해, 튜
터평가와 자기평가는 인지적 능력을 측정하고자 했던 선다형 지
필시험 점수와 밀접한 관련이 있음을 알 수 있었다.

2. 문제중심학습에서 평가방법에 따른 점수 비교

문제중심학습의 평가로 사용된 튜터평가, 성찰일기, 개념도와 통합교육의 총괄평가로 시행된 선다형 지필시험 간의 상관관계를 살펴보고, 평가방법과 평가준거와의 관계를 살펴봄으로써 평가방법의 타당도를 검증하고자 하였다.

1) 튜터평가, 성찰일기, 개념도, 지필시험 점수 간의 상관관계

문제중심학습 수업에서 사용된 평가방법들은 튜터평가, 성찰일기, 개념도인데, 이들 간의 상관관계를 살펴본 결과는 아래 <표 IV-13>과 같다.

<표 IV-13> 튜터평가, 성찰일기, 개념도, 지필시험 점수 간의 상관관계

	튜터평가	성찰일기	개념도	지필시험
튜터평가	1.00			
성찰일기	.56**	1.00		
개념도	.06	-.21**	1.00	
지필시험	.36**	.06	.09	1.00

** p<.01

튜터평가와 성찰일기 점수는 상관계수 .56으로 통계적으로도 유의미한 상관이 있었다(p<.05). 그러나 튜터평가와 개념도는 .06 으로 상관이 거의 없었으며, 성찰일기와 개념도 점수는 유의미한 관련이 있었으나(p<.05), 상관계수 .-21로 부적관련을 나타내었다. 이와 같이 문제중심학습에서 실시되는 평가방법들 간의 관련을 알아봄으로써 수렴적 타당도(convergent validity)를 검증할 수 있는데, 이것은 평가방법들이 서로 동일한 성취 영역을 측정한다는 것을 입증하는 한 방법이다. 연구결과(표 Ⅳ-13), 튜터평가와 개념도, 개념도와 성찰일기 간에는 수렴적 타당도가 낮은 반면, 튜터평가와 성찰일기는 수렴적 타당도가 높다고 말할 수 있다.

상관관계를 이용하여 타당도를 입증하는 방법으로 문제중심학습에서의 평가방법들과 기말시험이었던 선다형 지필고사 점수를 비교하였다. 이들의 상관이 낮으면 문제중심학습의 평가방법들이 타당도가 높고, 반대로 상관이 높으면 타당도가 낮다고 할 수 있다. 이것은 구인타당도 검증방법의 하나인 변별적 타당도(discriminant validity)와 동일한 논리를 갖는 것이다. 문제중심학습에서 실시한 평가 결과와 선다형 지필시험 성적과의 관련을 보면, 튜터평가와 선다형 지필시험은 .36으로 낮은 상관이 있었으며(p<.05), 개념도(r=.09)나 성찰일기(r=.06)와는 상관이 거의 없었다. 따라서 튜터평가는 변별적 타당도가 낮다고 말할 수 있다.

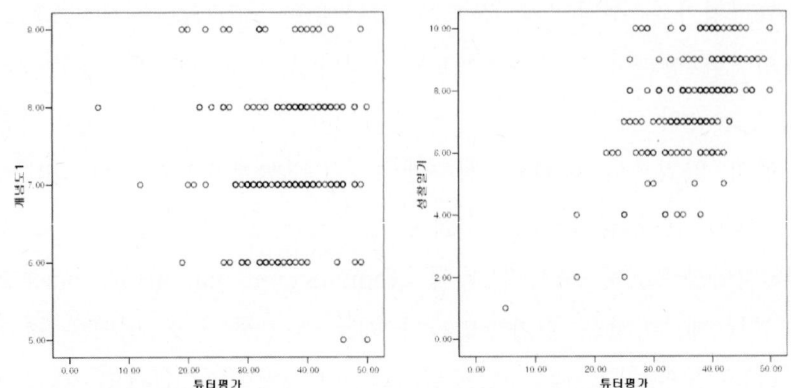

[그림 Ⅳ-6] 튜터평가, 개념도, 성찰일기 점수 간의 관계

평가방법상에 있어서 튜터평가와 개념도는 호환성이 낮다고 할수 있다. 호환성 정도는 튜터평가와 개념도, 튜터평가와 성찰일기 점수 간의 관계를 그래프로 나타낸 산포도를 보면 보다 분명해진다. <그림 Ⅳ-6>을 보면, 튜터평가에서 낮은 점수를 받은 학생들이 개념도에서는 높은 점수를 받은 빈도가 상당히 많은 것을 알 수 있다. 이러한 결과가 나온 데에는 여러 가지 외재변수가 작용했을 가능성이 있다. 예컨대, 학생들이 개념도를 그릴 때에 오픈북 방식으로 하였다거나, 튜터가 개념도에 대한 이해부족으로 채점환산표에 의하지 않고 대충 점수를 매겼다거나 또는 튜터가 시간이 부족하여 무성의하게 채점을 하였을 경우 등이 그것이다.

개념도를 그린 학생과의 인터뷰 내용은 개념도 그리기가 평가로서 어떠한 문제점이 있는지 시사를 준다.

개념도를 그릴 때, 오픈북 방식이 오히려 논리적인 생각을
저해하고 평소 공부와 다르지 않게 답을 찾는데 집중하는
쪽으로 가는 폐해가 있었다고 생각합니다.

개념도 그리기가 너무 어려워요. 어떻게 그려야 하는지 설명을 들었으나 이해가 잘 안됩니다. 너무 혼란스러워요. 개념도를 개인평가가 아닌 한 조에서 하나씩 그리는 집단평가로 해 줬으면 좋겠어요.

2) 튜터평가, 성찰일기, 개념도, 지필시험 점수와 평가준거와의 관계

문제중심학습에서 사용하는 평가방법들 예컨대, 튜터평가, 성찰일기, 개념도가 문제중심학습 수업에서 측정하고자 하는 구인을 제대로 측정하고 있는지를 알아보기 위해서 토론참여도, 의사소통력, 문제해결력, 정보수집력, CUG 참여도 등 5가지 평가준거들의 점수와 상관관계를 구하였다. 상관관계 결과는 <표 IV-14>와 같다.

<표 IV-14> 평가방법과 평가준거와의 상관관계

	토론참여도	의사소통력	문제해결력	정보수집력	CUG참여도
튜터평가	.83**	.83*	.77**	.78**	.75**
성찰일기	.40**	.45**	.34**	.45**	.35**
개념도	.07	.11	.03	.02	-.03
지필시험	.40**	.23*	.25	.28	.25

* p<.05 ** p<.01

<표 IV-14>에 의하면, 튜터평가는 토론참여도, 의사소통력, 문제해결력, 정보수집력, CUG 참여도와 상관계수 .75-.83으로 높은 상관관계를 보였다. 성찰일기는 토론참여도(r=.40), 의사소통력(r=.45), 문제해결력(r=.34), CUG 참여도(r=.45) 평가준거와 상관

이 있었으며, 정보수집력과는 상관계수 .45로 유의미한 상관이 있는 것으로 나타났다(p<.01). 그러나 개념도는 상관계수 -.03-.11로 모든 평가준거들과 상관이 매우 낮거나 거의 없는 것으로 나타났다. 이것은 개념도의 구인타당도가 대단히 낮음을 검증한 것이다(그림 IV-7).

통합교육에서는 문제중심학습 수업과 전통적 강의식 수업을 병행하였다. 전통적 강의식 수업의 평가는 선다형 지필시험으로 실시되었는데 지필시험과 문제중심학습에서 측정하고자 하는 5개의 평가준거와의 상관관계를 살펴봄으로써 지필시험과 문제중심학습에서의 평가간의 관련을 알아보았다(표 IV-14). 연구결과, 지필시험은 토론참여도와 상관계수 .40으로 유의미한 상관이 있는 것으로 나타났으며, 나머지 준거들 예컨대, 의사소통력, 문제해결력, 정보수집력, CUG 참여도 등과는 상관계수 .23-.28 정도의 낮은 상관이 있었다. 문제중심학습에서 토론참여도 점수가 높은 학생들이 지필시험에서도 좋은 성적을 받은 것으로 볼 수 있다.

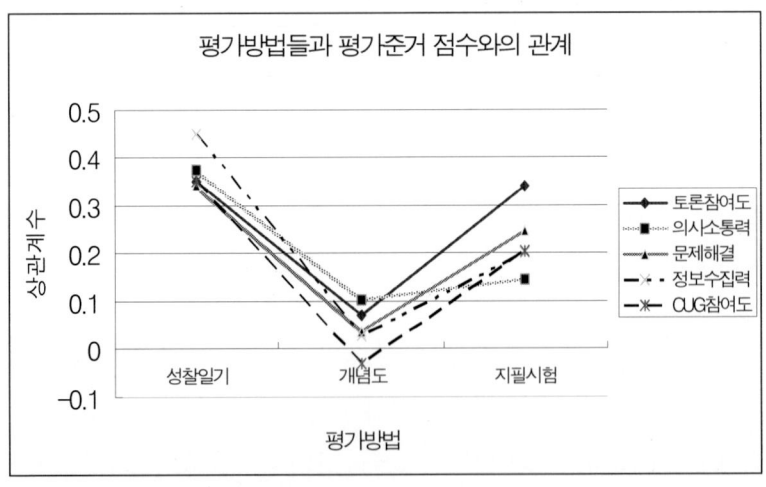

[그림 IV-7] 평가방법들과 평가준거 점수 간의 상관관계

3. 튜터 간 신뢰도

22명의 튜터평가 점수가 22개 조별 간의 튜터들 사이에서 얼마나 유사한가를 살펴보고, 세 명의 서로 다른 튜터들이 동일한 조에 속한 동일한 학생들을 평가하는데 있어서 조별 내의 세 명의 튜터 간의 점수가 얼마나 일관성이 있는지를 알아보았다.

1) 조별 간 튜터평가 점수 비교

22개조로 이루어진 문제중심학습 수업에서 튜터들 간의 점수의 차이가 어느 정도인지를 보는 것은 중요하다. 22명의 튜터들의 점수의 차이를 알아보기 위해서 F검정을 실시하였다.

<표 IV-15> 조별 튜터평가 점수 비교

	제곱합	자유도	평균제곱	F	유의확률
집단간	2366.98	21	112.71	2.28	.00*
집단 내	7540.52	153	49.28		
합 계	9907.50	174			

* p<.05

<표 IV-15>에서 보는 바와 같이, 22명의 튜터 간의 조별 점수는 통계적으로 유의미한 차이가 있었다(p<.05). 이러한 결과는 22개 조 튜터 간의 점수의 차이가 크다는 것을 의미한다. 조별 점수의 차이가 어느 정도 나는지를 시각적으로 알아보기 위해서 조별 튜터평가의 평균점수를 그래프로 나타내었다(그림 IV-8).

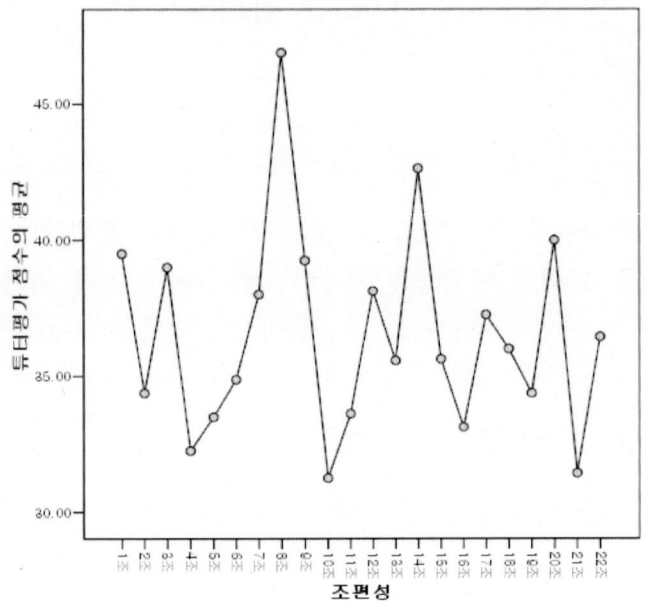

[그림 Ⅳ-8] 22개 조의 튜터평가 점수

　[그림 Ⅳ-8]에서 튜터평가의 평균점수의 범위를 보면, 8조의 튜터평가 점수가 최고 46.87점을 나타낸 반면, 21조는 최저 점수 31.42점을 보임으로써 15.46점의 차이를 보였다. 이와 같이 조별 간 튜터평가의 점수 차이가 크다는 것은 학생평가의 신뢰도에 문제가 될 수 있는 것이다. 이러한 문제는 조별 간 튜터평가 평균 점수와 표준편차의 차이를 고려한 표준점수(T점수)를 활용하여 조별 간 튜터평가 점수의 차이에서 나타나는 문제를 해결할 수 있다.

　T점수는 조별 간 튜터의 차이에 따른 점수차를 등수에 따라 다시 산정한 점수로 비교가 불가능한 원점수의 한계를 극복하기 위해서 사용될 수 있다. 평균에 해당하는 점수를 받은 학생의 T점수

는 항상 50점이고 표준편차는 10이 된다. 튜터평가의 원점수와 표준점수로 변환된 T점수간의 차이를 학생들이 석차를 통해서 튜터평가 간 점수의 차이를 어떻게 극복할 수 있는가를 보고자 하였다.

<표 Ⅳ-16> 튜터평가 원점수 및 학생 석차 비교

8조	원점수(전체석차)	21조	원점수(전체석차)
안○○	50 (2)	진××	37 (91)
고○○	49 (3)	김××	34 (116)
류○○	48 (8)	이××	34 (116)
정○○	48 (8)	박××	31 (137)
최○○	46 (19)	정××	30 (142)
이○○	45 (23)	김××	28 (156)
강○○	45 (23)	윤××	26 (161)
김○○	44 (26)		

가장 높은 튜터평가 점수를 받은 8조 학생들의 전체 석차를 살펴보면(표 Ⅳ-16), 176명 중에서 2등에서부터 26등까지 모든 학생들이 상위권에 있었다. 반면, 튜터평가의 점수를 가장 낮게 받은 21조는 전체 석차 91등부터 161등까지 모든 학생들이 중하위를 차지하였다. 다시 말하면, 21조의 1등은 8조의 점수와 비교하면 꼴지에 해낭하는 점수이다. 튜터의 후하고 박한 점수의 자이에 의해서 학생들은 성적에 지대한 영향을 받게 된다. 이러한 문제를 해결하기 위해서 표준점수를 사용하였다. 아래 <표 Ⅳ-17>은 표준점수를 활용한 상대적 서열을 알아본 것이다.

<표 IV-17> 튜터평가 표준점수 및 학생 석차 비교

8조	표준점수(전체석차)	21조	표준점수(전체석차)
안○○	64.7 (8)	진××	64.6 (9)
고○○	60.1 (28)	김××	56.8 (51)
류○○	55.5 (58)	이××	56.8 (51)
정○○	55.5 (58)	박××	48.9 (94)
최○○	46.3 (111)	정××	46.3 (110)
이○○	41.6 (143)	김××	41.1 (147)
강○○	41.6 (143)	윤××	35.8 (167)
김○○	37.0 (160)		

튜터의 점수를 표준점수로 변환하여 전체석차를 살펴 본 결과 (표 IV-17), 8조의 1등과 21조의 1등은 표준점수에서 차이가 거의 없었다. 정규분포에서 +쪽으로 1표준편차만큼 평균(60점) 이상에 위치하고 있는 학생이 8조는 2명, 21조는 1명이 각각 있었다. 평균 50점, 표준편차는 10점으로 맞춘 T점수에 의해서 환산된 점수는 조별 간 튜터 점수의 차이에서 오는 문제를 해결해 줄 수 있다는 것을 입증하였다. 이러한 표준점수는 어디까지나 상대적 서열 정보만을 알려준다는 것을 명심해야 한다. 따라서 T점수는 학생들의 성적을 매기기 위해서 유용하게 사용될 수 있다.

결론적으로, 튜터가 부여한 원점수로는 조별 간 학생들의 등수를 비교하거나 직접적으로 성적에 반영하는 것은 불가능하다. 연구결과에서 알 수 있듯이, 이러한 튜터평가의 한계는 표준점수를 사용하여 극복할 수 있다.

동일한 교육을 받고, 동일한 평가표를 사용한 튜터들의 점수의 차이가 큰 이유를 추론해 보면, 첫째는 어떤 튜터는 학생들의 원망을 들을까봐서 엄격하게 평가하기를 꺼렸을 수 있고, 둘째는 문제중심학습이라는 평가방법에 불만이 있어서 성의 없는 평가를 하였을 가능성도 있으며, 셋째는 평가자로서의 자질이 부족해서 일수도 있다. 수업을 마친 튜터를 대상으로 면담을 한 결과, 튜터들은 문제중심학습의 평가방법에 적잖은 부담을 가지고 있었다. 아래 면담 내용이 이러한 사실을 대변해 준다.

학생들에 대한 평가에서 창의성이나 독창성 등을 평가하기가 어려웠다. 학생들이 한 가지 중요한 사실을 애기 할 때마다 체크를 해 두었지만 평소의 습관 및 태도와 관련이 되어 평가에 주저하게 되었다.

튜터에 의한 평가를 A, B, C, D, E 5단계 중 택일하는 것으로 단순화한다면, 평가에 대한 부담을 덜 받을 것 같다.

2) 조별 내 튜터평가 점수 비교

학생들은 1차부터 3차까지 세 차례의 문제중심학습을 하면서 서로 다른 세 명의 튜터를 만나게 된다. <표 Ⅳ-18>은 문제중심학습 수업에서 튜터가 세 명인 경우에 튜터 간 점수 차이를 검증하기 위해서 Friedman의 반복측정검정을 실시한 결과이다. Friedman 검정은 3개 이상의 종속표본에 대한 검정방법으로 K번의 반복측정 값 사이에 차이가 있는지 또는 없는지를 검정한다. Friedman의 반복측정 공식은 다음과 같다.

$$\chi^2 = \frac{12}{nK(K+1)} \sum R^2_k - 3n(K+1)$$

n: 대상자 수

K: 측정횟수

R_k: k 측정순위의 합

Friedman 검정을 하기 위해서는 먼저 대상자 n에 대하여 K번의 측정값을 1부터 K까지 작은 크기부터 등위를 결정한다. 그 다음 K개의 측정값에 대하여 등위합 Rk를 산출하여 χ^2 검정을 한다. 22개 조의 Friedman 검정 결과는 <표 IV-18>과 같다.

<표 IV-18>에 의하면, 2조, 4조, 9조는 세 명의 튜터 점수는 수식에 의해 계산된 χ^2의 값이 유의수준 .05에서 임계값 5.99보다 작으므로 세 명의 튜터점수는 차이가 없다고 볼 수 있다. 그러나 나머지 조들의 경우에는 χ^2의 값이 5.99보다 크기 때문에 귀무가설은 기각된다. 즉, 세 명의 튜터 점수는 차이가 있다고 볼 수 있는 것이다.

1차, 2차, 3차 세 명의 서로 다른 튜터가 동일한 학생들을 대상으로 평가를 했을 경우 나타나는 점수의 차이는 구체적이고 명확한 평가준거에 대한 지침이 제시된다면 튜터에 의한 오차를 상당 부분 줄일 수 있을 것이다.

<표 IV-18> Friedman 검정 결과

조	학생수	자유도	χ^2값	조	학생수	자유도	χ^2값
1조	8	2	6.37	12조	8	2	13.25
2조	8	2	4.12*	13조	7	2	11.14
3조	7	2	8.85	14조	8	2	25.25
4조	8	2	3.25*	15조	8	2	21.37
5조	8	2	10.75	16조	8	2	12.62
6조	8	2	13.12	17조	8	2	7.12
7조	8	2	7.75	18조	8	2	7.75
8조	8	2	16.00	19조	8	2	12.25
9조	8	2	5.62*	20조	8	2	10.75
10조	8	2	9.75	21조	7	2	6.42
11조	8	2	18.12	22조	7	2	7.00

* $p < .05$

V. 결론 및 논의

　여러 가지 문제중심학습 평가방법들이 과연 전통적인 선다형 지필시험의 대안으로 적합한가, 평가주체에 따라 평가결과는 일관성이 있는가에 대해 논의할 만한 마땅하고 충분한 자료가 제대로 축적되지 못한 상황에서, 문제중심학습의 우수성만을 주장하는 것은 문제중심학습이 갖고 있는 본래적 가치를 오히려 훼손할 우려가 있다. 본 연구는 문제중심학습의 평가방법인 튜터평가와 성찰일기, 개념도 그리기 등의 타당성과 신뢰성을 입증하기 위해서 자기평가, 동료평가, 선다형 지필시험 등의 점수들과 비교하여 다음과 같은 연구결과를 얻었다.

　첫째, 본 연구에서는 문제중심학습에서 평가주체 즉, 튜터평가, 자기평가, 동료평가 점수 간의 관계를 알아보았다. 연구결과, 1차, 2차, 3차 수업 모두 동료평가>자기평가>튜터평가 순으로 동료평가의 점수가 가장 높았다. 튜터평가, 자기평가, 동료평가 점수 간의 상관관계를 살펴보면, 자기평가와 동료평가의 상관은 어느 정도 있었으나 튜터평가와 동료평가 간에는 상관이 없었다. 이러한 연구결과를 토대로 하여 다음과 같은 논의를 할 수 있다. 즉, 문제중심학습 수업에서 동료평가 점수가 다른 평가의 점수보다 높은 것은 ① 관대화의 경향성과 ② 동료평가가 갖는 익명성에 그 원인이 있을 수 있다는 것이다. 문제중심학습 수업에서 동료평가의 편포도 계수를 보면 다른 평가의 그것보다 높다. 이것은 동료평가가 다른 평가보다 관대화의 경향이 심하다는 것을 알려준다. 학생들은 자신보다 동료의 점수를 더 후하게 준 것이다.

동료평가의 점수가 가장 높게 나온 다른 원인을 '익명성'에서 찾을 수 있다. 관대화 경향 때문에 동료평가 점수를 성적에 반영하는 것을 꺼리는 학자도 있지만, 익명이 보장되고 비밀이 지켜진다고 믿는 경우에는 학생들이 편안함을 느껴서 신뢰로운 평가를 할 수 있다고 주장하는 학자들도 있다(Antonioni, 1994; London & Wohlers, 1991). 이들은 익명성이 보장된 상황에서 평가자는 평가과정에 대해 더욱 긍정적인 반응을 보인다고 주장한다. 익명성이 보장된 본 연구의 경우, 학생들이 익명성에서 오는 편안함으로 인해 동료들의 점수를 후하게 주었을 가능성이 있다.

본 연구에서 주목할 점은, 1차, 2차, 3차 수업이 거듭됨에 따라, 학생들은 동료에 대해서 집중화 경향을 보인다는 것이다. 이러한 결과는 동료평가 점수가 성적에 포함되지 않았기 때문에 학생들이 동료평가를 가볍게 받아들이고 적당하게 평가하였을 가능성과 학생들끼리의 담합의 가능성을 시사한다. 문제는, 동료평가가 성적에 포함될 경우 이러한 평가오류를 어떻게 줄일 것인가 하는 데에 있다. 본 연구에서 튜터평가, 자기평가, 동료평가의 상관관계가 낮게 나온 것은 문제중심학습에서 발생할 수 있는 몇 가지 변수, 예컨대, 익명성이라든지 관대화 경향과 집중화 경향 등이 개입했기 때문으로 보았다.

둘째, 본 연구에서는 튜터평가, 자기평가, 동료평가의 각각의 점수가 서로 다르다고 할 때, 평가결과에 영향을 미치는 평가준거가 무엇인지를 알아보았다. 연구결과, 튜터평가에 영향을 미치는 가장 큰 준거는 '문제해결력'이었으며, 그 다음은 '의사소통력'이었다. 자기평가는 튜터평가와 마찬가지로 '문제해결력'이 문제중심학습 평가 시 가장 중요한 요인으로 작용하였다. 그러나 동료평가의 경우에는 '정보수집력'이 평가에 가장 큰 영향을 미치는 것으로 나타났으며, 다음으로는 '토론참여도'였다.

기존의 Miller의 연구에 의하면, 튜터평가와 동료평가의 점수 차이는 '전문성'에 의해서 나타난다. 본 연구의 결과를 염두해 볼 때, 학생들은 동료를 평가할 때 수업에서의 '적극성'을 중요한 요인으로 보고 있었다. 말하자면, 정보 수집을 잘 하고, 토론 시 적극적으로 발언을 하는 학생에게 좋은 점수를 준다는 것이다. 반면, 튜터는 적극적으로 수업에 참여하되 그 학생의 발언이 문제를 해결하는데 도움이 되는지, 임상적 추론을 제대로 하는지를 평가의 주요 요인으로 본다. 이러한 결과는 평가 시 튜터와 학생들이 고려하는 평가영역이 다름을 알려주는 것이다. 이것은 Miller가 말한 튜터와 학생 간의 '전문성' 차이와 일맥상통한 결과라고 볼 수 있다.

셋째, 본 연구에서는 학업성취도를 측정하는 선다형 지필시험 점수와 튜터평가, 자기평가, 동료평가의 점수를 각각 비교하였다. 기말고사로 치러지는 지필시험은 문제중심학습을 하고 난 이후에 시행이 된다는 점에서 문제중심학습 평가 점수가 학업성취도를 예언할 수 있는가 하는 점을 함께 알아볼 수 있었다. 연구결과, 튜터평가와 선다형 지필시험은 상관계수 .43으로 유의미한 상관이 있었으나 자기평가나 동료평가와는 거의 상관을 보이지 않았다.

지필시험과 문제중심학습 평가 간의 관련을 좀 더 살펴보기 위

118

해서 지필점수를 상위 30% 집단과 하위 30% 집단으로 나누어 각각의 점수를 튜터평가, 자기평가, 동료평가 점수와 비교하였다. 기존의 학업성취가 높은 학생들이 자신의 능력을 과소평가하는 경향이 있으며, 학업성취가 낮은 학생들은 자신의 능력을 과대평가하는 경향이 있다는 연구와는 달리, 본 연구에서는 학업성취가 높은 학생들이 자기평가와 튜터평가의 점수가 통계적으로 유의미하게 높았다. 튜터평가 점수와 자기평가 점수는 문제중심학습 이후에 치러지는 지필시험의 점수를 예언할 수 있었다.

넷째, 본 연구에서는 여러 가지 평가방법들 중에서 어느 것이 더 정확하고 활용가능성이 클 것인가 하는 문제를 다루었다. 선다형 지필시험의 대안으로 새로운 방법들을 도입한다고 하더라도 이들의 관계를 검증하여 도입 여부를 결정하는 것은 중요하다고 본다. 연구결과, 문제중심학습 평가방법으로 사용한 튜터평가, 성찰일기, 개념도 중에서 튜터평가와 성찰일기는 서로 상관이 있었으며, 개념도와 이 두 가지 방법 간에는 상관이 거의 없었다. 개념도와 다른 평가방법들 간의 상관관계가 낮은 원인을 알아보기 위해서 선다형 지필시험 점수와 상관분석을 하였다. 이러한 시도는 문제중심학습에서의 다양한 평가방법들이 서로 동일한 영역을 측정하고 있는가를 알아보기 위함이었다. 연구결과, 평가방법상에 있어서 튜터평가와 개념도는 그 호환성이 낮았다. 즉, 튜터평가에서 낮은 점수를 받은 학생들이 개념도에서는 높은 점수를 받은 빈도가 상당히 많이 나타났기 때문이다. 본 연구에서는 이러한 원인이 ① 개념도를 그리는 방식(오픈북), ② 튜터의 채점 방식, ③ 평가방법에 대한 튜터의 인식 등에 있는 것으로 나타났다.

다섯째, 본 연구에서는 22개 조의 튜터 간의 점수가 어느 정도 일관성이 있는지를 알아보고, 서로 다른 세 명의 튜터가 동일한 학생들을 평가한 결과를 가지고 조별 내 튜터 간의 일관성을 알아보았다. 동일한 학생들을 대상으로 여러 명의 튜터가 학생들을 관찰하고 평가한 후 그 결과를 비교한 연구가 거의 없는 현실에서, 22개 조라는 대규모의 문제중심학습 수업에서 조별 간 튜터 점수 비교와 조별 내 튜터 간의 점수를 서로 비교해 보는 일은 중요하다고 본다. 튜터의 관찰 점수는 곧바로 학생들의 성적에 영향을 미치기 때문에 튜터 간의 점수가 조별로 얼마나 차이가 있는지에 대한 사항은 민감한 문제가 아닐 수 없다.

연구결과, 22개조의 튜터 점수는 통계적으로 유의미한 차이를 나타내었다. 튜터의 후하고 박한 점수의 차이에 의해서 학생들은 성적에 지대한 영향을 받을 수 있다. 이러한 문제를 해결하기 위해서 표준편차를 이용하여 튜터의 점수를 변환한 T점수를 활용하였다. 동일한 교육을 받고, 동일한 평가표를 사용하는 튜터들이 왜 점수의 차이가 나는지, 그 원인은 앞으로 더 많은 연구가 이루어져야 하지만 본 연구에서는 튜터가 채점에 엄격성을 적용하지 않는 이유를 ① 상대적으로 비중이 적은 문제중심학습의 점수로 인해 학생들 성적에게 불이익이 가지 않기를 원하기 때문이고, ② 문제중심학습에 대한 이해 부족으로 인해서 튜터가 소신 있는 평가를 하지 못하기 때문으로 보았다.

그러나 1차, 2차, 3차 세 명의 서로 다른 튜터가 동일한 학생들을 대상으로 시행된 튜터 간의 일관성을 알아본 결과, 튜터 간의 점수가 일치하지 않는 것으로 나타났다. 이러한 사실은, 문제중심학습에서 구체적이고 명확한 평가준거에 대한 지침이 제시된다면 튜터에 의한 오차를 상당 부분 줄일 수 있다는 것을 시사한다.

본 연구의 결과를 토대로 문제중심학습에서의 평가와 관련된 후속 연구를 제시하면 다음과 같다.

첫째, 본 연구에서는 서울대학교 의과대학에서 사용한 튜터평가의 평가준거를 분석에 활용하였기 때문에, 일반적으로 문제중심학습에서 측정해야 하는 평가준거가 무엇이어야 하는지에 대한 자세한 논의는 다루어지지 않았다. 따라서 문제중심학습을 도입한 대부분의 의과대학 또는 다른 대학에서 사용하고 있는 튜터평가 도구를 연구할 필요가 있다. 각 대학의 튜터평가지를 수집하여 튜터평가가 측정하고 있는 것이 무엇인지를 보다 정확하게 확인할 필요가 있다.

둘째, 문제중심학습의 평가에서 문제가 되는 것은 평가자간의 일관성과 아울러 모듈에 따른 일관성 문제이다. 일반화 가능성에 대한 국외 연구결과들에 의하면, 거의 공통적으로 평가자간의 일관성 결여는 잘 정의된 채점준거를 기반으로 평가자를 충분히 훈련시키는 경우 비교적 낮은 수준으로 유지할 수 있다. 그러나 모듈(또는 교육내용, 학습과제)에서 발생하는 오차에 대한 연구는 국내·외 전무한 상태이다. 따라서 모듈 또는 내용영역에서 오는 일관성 결여에 대한 연구가 이루어져야 할 것이다.

셋째, 문제중심학습 평가는 시간이나 비용적인 면에서 선다형 지필시험의 그것에 비해 현저히 불리한 입장에 있음은 명백한 사실이다. 문제중심학습의 평가가 실용적으로 수행되기 위해서는 시간과 비용을 수용 가능한 수준으로 유지할 수 있는 방안을 찾는 연구가 수행되어야 할 것이다.

참고문헌

[국내문헌]

강승호, 김양분(2004). **신뢰도**. 서울: 교육과학사.

강인애(1998). PBL과 성찰저널: 삼성전자의 변화유도형 리더쉽 개발을 위한 팀리더과정. **산업교육** 4, 3-27.

강인애(1999). 문제중심학습(PBL)-21세기 교육을 위한 새로운 접근. 1999학년도 문제중심학습 워크숍자료집.

곽진숙(2003). 수행평가 논의에 함축된 교육의 개념과 가치준거에 관한 비판적 검토. 교육원리 세미나자료집(미간행).

교육부(1998). 새로운 대학입학제도와 교육비전 2002: 새 학교문화 창조. 교육부.

김계숙(2002). 문제중심학습에 의한 수업설계: 중학교 수학교과를 중심으로. 석사학위논문. 경희대 교육대학원.

김명숙(1999). 수행평가의 가치와 질관리. **교육평가연구** 14(2), 한국교육평가학회. 17-46.

김선(2003). 포트폴리오평가와 의학교육에의 적용. **한국의학교육** 15(2). 한국의학교육학회. 73-82.

김선, 이무상(1997). 문제중심학습에서의 평가방법의 개선방향. **한국의학교육** 9(1), 한국의학교육학회. 73-85.

김영천(2003). 초등학교에서의 자기평가 도구의 개발과 적용. **초**

등교육연구 12. 한국초등교육학회. 239-278.

김주희(2004). 문제중심학습 교육과정의 평가에 대한 질적 연구. 석사학위논문. 성균관대학교 대학원.

김주희, 김지영, 손희정(2004). 학생반응으로 살펴본 문제바탕학습 교육과정의 질적평가, **한국의학교육** 16(2). 한국의학교육학회. 179-193.

김판수 외(2003). **구성주의와 교과교육**. 학지사.

남명호 외(2000). **수행평가 이해와 적용**. 문음사.

남명호(1995). 수행평가의 타당성 연구. 박사학위논문. 고려대학교 대학원.

노현희, 김교순(2000). 건국의대에서 경험한 세 가지 문제중심학습 유형. **한국의학교육** 12(2). 한국의학교육학회. 129-140.

목영해(2003). 구성주의와 제7차 교육과정의 관련성 연구. **교육철학** 29. 17-44.

박내회(1997). **인사관리**. 법문사.

박미호(2003). 문제중심학습이 학습자의 자기주도적 학습력 수준에 따라 문제해결력에 미치는 효과. 석사학위논문. 한국교원대학교 교육대학원.

박은경(2003). 의학교육에서의 문제중심학습에서 튜터의 역할에 관한 평가 연구, 석사학위논문. 서울대학교 대학원.

박은희, 박재호, 박영남(2000). 계명대학교 의과대학에서의 문제중심학습 시행 경험, **한국의학교육** 12(2). 한국의학교육학회. 261-270.

박정식, 윤영선(2002). **현대통계학(4판)**. 다산출판사.

박혜진(2001). 인사평가방법의 신뢰성과 타당성 연구. 석사학위논문. 성신여자대학교 인력대학원.

배호순(1999). 수행평가 타당화 논리의 탐색, **교육평가연구** 12(1). 한국교육평가학회. 125-151.

백순근 편(1999). **(중학교 각 교과별) 수행평가의 이론과 실제**. 서울: 원미사.

_____(2002). **수행평가: 이론적 측면**. 서울: 교육과학사

부재율, 양길석(1999). 수행평가의 개념과 양호도. **한국교육학연구** 5(1). 안암교육. 119-141.

성태제(1999). **타당도와 신뢰도**. 서울: 양서원.

손민경(2002). 초등사회과 선다형평가와 수행평가의 비교연구. 석사학위논문. 인천교육대학교 교육대학원.

송재욱(2003). 기술과 문제중심학습에서 인지양식이 남녀 중학생의 문제해결과정에 미치는 영향. 석사학위논문. 계명대 교육대학원.

송해덕(1998). 구성주의적 학습 환경설계 모델들의 특성과 차이점 비교분석 연구. **교육학연구**. 36(1). 한국교육학회. 187-212.

신좌섭(2004). 의과대학 문제중심학습에서 협력학습 효과에 영향을 미치는 요인에 관한 연구. 박사학위논문. 한양대학교 대학원.

양은실(2002). 초등학교 4학년 음악수업의 문제중심학습 적용. 석사학위논문. 인천교육대 교육대학원.

영남의대(2003). 의학교육실 역할 및 발전방안. 심포지엄자료집. 영남의대 의학교육실.

오만록(1999). 구성주의에 근거한 문제중심학습이 학업성취와 정의
    적 특성에 미치는 효과. 박사학위논문. 고려대학교 대학원

유선희(1998). 수행평가의 일반화가능도, 채점결과의 신뢰도 및 지
    필검사와의 상호관계에 관한 연구. **교육평가연구**. 11(2). 한
    국교육평가학회. 23-41.

윤영선(2004). 지식기반사회에서 교육평가의 새로운 접근방식의 모
    색. **교육연구** 38. 성신여자대학교 교육문제연구소, 493-513.

의학교육위원회(1996). 서울대학교 의과대학교육과정에 관한 연
    구보고서. 서울대학교 의과대학 교육과정 위원회.

이경한(1998). 지리수업전략으로서 개념지도의 이용가능성에 관
    한 논의. **지리, 환경교육**. 6(1). 1-14.

이규민, 박재황, 김광수(2002). 수행평가와 신뢰도-타당도 패러독
    스. **교육학연구** 19(1). 계명대학교 사회과학연구소. 69-84.

이수곤(2004). 의과대학 임상실습교육 강화 방안. 영남의대 의학
    교육학교실. 15-29.

이영미(2002). Progress Test. 12차 의학교육합동학술대회 결과
    보고서. 의학교육학회. 127-136.

임시혁(2002). 수행평가 타당화 모형의 고찰. **초등교육**. 15(2). 한
    국초등교육학회. 387-401.

장봉현(2002). PBL에서의 평가. 12차 의학교육합동학술대회 결
    과보고서. 의학교육학회. 89-102.

장봉현, 이유철(2001). 경북대학교 의과대학의 문제중심학습 시행과
    그 평가. **한국의학교육** 13(1). 한국의학교육학회. 91-105.

장인혜(1999). 말하기 학습에서의 반성적 자기평가에 관한 연구.

석사학위논문. 한양대학교 대학원.

전현경(1999). 중학교 영어 수행평가 과제의 채점방법과 채점자
　　　　간 신뢰도 추정방법 비교. 석사학위논문. 이화여자대학교
　　　　대학원.

정동화(2002). 학교관리자 입장에서 본 문제해결학습의 효용성.
　　　　교육방법연구. 14(2). 고려대학교 교육문제연구소. 31-44.

조연순(2001). 교과를 통한 창의적 문제해결력 교육방법 모색: 문
　　　　제중심학습. **한국교육** 28(2). 한국의학교육학회. 205-227.

조연순, 우재경(2003). 문제중심학습(PBL)의 이론적 기초. **교육
　　　　학연구** 41(3). 한국교육학회. 571-600.

조한무(2000). 구성주의 관점에서 평가도구. **교육논총** 18. 경인교
　　　　육대학교. 183-197.

_____(2004). 사회적 구성주의 관점에서 동료평가의 이론적 탐
　　　　색. **교육논총** 23. 경인교육대학교. 229-254.

채수진, 신좌섭, 은희철, 이윤성(2002). 문제중심학습 수업에서의
　　　　성찰저널 활용에 대한 연구. **한국의학교육**. 14(2). 한국의
　　　　학교육학회. 157-164.

_____(2004). 문제바탕학습(PBL) 수업을 통한 자기주도 학습능
　　　　력 함양, 의학교육합동학습대회 자료집, 195.

채수진, 이동순, 이윤성(2003). 통합교육에서 문제바탕학습 시행
　　　　의 문제점 및 그 원인과 개선방향. **한국의학교육** 15(1).
　　　　한국의학교육학회. 35-42.

최성희, 이인경(1999). 문제중심학습의 실천적 모형 탐색: 사례연
　　　　구. **교육학연구** 7(3). 한국교육학회. 247-277.

최유리(2003). 학습자 태도에 따른 문제중심학습의 효과 분석: 고등학교 '경제'단원을 중심으로. 석사학위논문. 서울대 대학원.

한국교육평가학회(2004). **교육평가용어사전**. 서울: 학지사.

한국의과대학장협의회(2000). **21세기 한국의학교육계획**. 서울: 아카데미아.

한국학술진흥재단(2004). 대학교육과정개발연구사업 신청요강.

한화정(2001). 자기평가 중심의 포트폴리오가 중학교 영어쓰기 학습에 미치는 영향. 석사학위논문. 한국교원대학교 대학원.

허예라(2000). 문제중심학습법 활용 교수전략에 관한 연구. 석사학위논문. 연세대학교 대학원.

[국외문헌]

ABCD Maastricht(1996). *The Netherlands: Office for International Relations, Faculty of Medicine*, University of Maastricht.

Albanese, M. A., & Mitchell, S.(1993). Problem based learning: A review of literature on its outcomes and implementation issues. *Academic Medicine,* 68(1), 53-81.

Barrows, H. S,, & Tamblyn, R. M.(1977). The portable patient problem pack: a problem based learning unit. *Journal of Medical Education* 52, 1002-1004.

Barrows, H. S.(1986). A taxonomy of problem based learning methods. *Medical Education.* 20. 481-486.

Barrows, H. S.(1996). Problem based learning in medicine and beyond. In Wilkerson. L., & Gijselaers. W. H.(Ed.) *Bringing Problem Based Learning to Higher Education: Theory and Practice*(pp.3-12). San Francisco, CA: Jossey Bass Publisher.

Barrows, H. S., & Tamblyn, R. M.(1980). *Problem Based Learning: An Approach to Medical Education.* Springfield, IL: Southern Illinois University School of Medicine.

Bartlett, F. C.(1932). *Remembering.* Cambridge University Press.

Baxter, G. P., Shavelson, R. J., Goldman, S. R., & Pine, J.(1992). Evaluation of procedure based scoring for hands on science assessment. *Journal of Educational Measurement.* 29(1). 1-17.

Benson, S. L., & Kiewra, D. A.(1986). Measuring the organizational aspect of writing ability. *Journal of Educational Measurement.* 3. 377-386.

Berlak, H., et al. (1992). *Toward a New Science of Educational Testing and Assessment.* Albany, NY: State University of New York Press.

Boud, D., & Falchikov, N.(1989). Quantitative studies of student self assessment in higher: a critical higher education. *Higher Education.* 18. 529-549.

Bracht, G. H., & Hopkins, K. P.(1970). The commonality of essay and objective tests of academic achievement. Educational and *Psychological Measurement.* 30. 59-364.

Breland, H. M., Camp, R., Jones, R. J., Morris, M. M.(1987). *Assessing Writing Skill.* NY: College Entrance Examination Board.

Chrlin, B., Mann, K., & Hansen, P.(1998). The many faces of problem based learning: a framework for understanding and comparison. *Medical Teacher*, 20(4), 323-330.

Cordeiro, P., & Campbell, B.(1996). Increasing the transfer of learning through problem based learning in educational administration. ERIC Document Reproduction Service No. ED 396 434.

De Grave, W., & De Voler, M.(1984). Peer evaluation in problem based learning. In Schmidt, H. S., & De Volder, M. W.(Eds.). *Tutorials in Problem Based Learning.* Maastricht: Van Corcum, Assen. 106-110.

Defina, A. A.(1992). *Portfolio assessment.* Getting started. NY: Scholastic Professional Books.

Dlisle, R.(1997). *How to Use Problem Based Learning in the Classroom.* Alexandria, VA: Association for Supervision and Curriculm.

Eggen, P. D., & Kauchak, D. P.(2001). *Strategies for Teachers: Teaching Content and Thinking Skills.* Needham Heights, MA: Aiiyn and Bacon.

Gijselaer, W. H., & Schmidt, H. G.(1990). Development and evaluation of a casual model of problem based learning. In Noman et al. (eds.) *Innovation in Medical Education:*

An Evaluation of its Present Status. NY: Springer-Verlag. 95-113.

Glasersfeld, E.(1984). An introduction to radical constructivism, In P. Waatzalwick, *The invented reakity,* NY: Norton & Compony.

Green, M.(1994). Children as evaluation understanding from the inside. In *Responsive Evaluation.* Brain Cambourne and Jan Turbil.(eds.). Portsmouth. NH: Heinemann, 83-103.

Hébert R., & Bravo, G.(1996). Development and validation of an evaluation instrument for medical students in tutorials, *Academic Medicine,* 71, 488-494.

Herman, J. L.(1992). What research tells us about good assessment. *Educational Leadership.* 49(8). 74-78.

Hsu, Y. C.(1999). *Evaluation Theory in Problem Based Learning Approach.* National Convention of AECT. Huston.

Jolly B. C.(1996). Relationship between students' clinical experiences in inductory clinical courses and their performances on an objective structured clinical examination. *Academic Medicine.* 71. 906-916.

Kusnic, E.(1989). *Student Self Evaluation: An Introduction and Rationale.* San Francisco, CA: Jossey-Bass.

Lambros, A.(2002). *Problem Based Learning in K-8 Classrooms.* Thousand Oaks, CA: Corwin press.

Levin, B. B.(2001). *Energizing Teacher Education and Pro-*

fessional Development with Problem Based Learning.
Alexandria, VA: Association for Supervision and
Curriculum Development.

Linn, R. L., Baker, E. L. (1996). Can performance-based
student assessments be psychometrically sound? In
Baron, J. B. & Wolf, D. P.(Eds.), *Performance-based
Student Assessment: Challenges and Possibilities* (pp.84
-103). Ninety-fifth Yearbook of the National Society
for the Study of Education, Part I. Chicago, Illinois: the
National Society for the Study of Education.

Markert, R. J.(2001). What makes a good teacher? Lessons
from teaching medical students. *Academic Medicine.*
76(8). 809-810.

Maudsley, G.(2002). Making sense of trying not to teach.
Academic Medicine, 77, 162-172.

McMillan, J. H.(1997). *Classroom Assessment: Principles and
Practice for Effective Instruction.* Boston: Ally and
Bacon

Miller, M. W., & Crocker, L.(1990). Validation methods for
direct writing assessment. *Applied Measurement in
Education.* 3(3). 285-296.

Miller, P. J.(2000). The agreement of peer assessment and
self assessment of learning processes in problem
based learning. *Journal of Physical Therapy Education.*
13. 26-30.

Nendaz, M. R., & Tekian, A.(1999). Assessment in problem based learning Medical schools: A literature review, *Teaching and Learning in Medicine,* 11(4). 212-243.

Neufeld, V. R.(1989). The design and use of assessment methods for problem based learning. In Schmidt, H. S., & De Volder, M. W.(Eds.). *Tutorials in Problem Based Learning.* Maastricht: Van Corcum, Assen. 64-71.

Newble, D., & Jaeger, K.(1983). The effect of assessment and examinations on the learning of medical students. *Medical Education.* 17. 165-171.

Norman, G. R.(1989). Reliability and construct validity of some cognitive measures of clinical reasoning. *Teaching and Learning in Medicine* 1, 194-9.

Novak, J. D., & Gwin, D. B.(1984). *Learning How to Learn.* New York: Cambridge University Press.

Nowak, J. A.(2001). The implications and outcomes of using problem based learning to teach middle school science. Doctorial dissertation. Indiana University.

Olson, L., Schieve, D., Ruit, K. G., & Vari, R. C.(2003). Measuring inter-rater reliability of the sequenced performance inventory and reflective assessment of learning (SPIRAL). *Academic Medicine,* 78, 844-850.

Painvin, V. R., Neufeld, C. R., Norman, I., Walker, G., & Whelan. G.(1979). The triple jump exercise a structured measure of problem solving and self directed learning.

Proceedings of the Annual Conference on Research in Medical Education. Washington, DC: Association of American Medical Colleges.

Rawnsley, K., Spaziani, R., & Rangachari, P. K.(1994). Evaluation in a problem based course: contrasting views of students and teachers, *PROBE.* 12. 9-14.

Resnick, L. B., & Resnick, D. P.(1992). Assessing the think-ing curriculum: New tools for educational reform. in Gifford, R. B. & O'Connor, M. C.(Eds.), *Changing Assessments: Alternative Views of Aptitude, Achieve-ment and Instruction*(pp.37-76). Boston: Kluwer Academic Pub.

Rezler, A. G.(1989). Self assessment in problem based groups. *Medical Teacher.* 11(2). 151-156.

Savoie, J. M.(1995). Problem based learning in social studies: Results of a field trial with adolescents. Doctorial dissertation. The University of New Brunswick.

Scheiman, M., Whittaker, S., & Dell, W.(1989). Problem based learning as a potential teaching approach: A literature review. *Journal of Optomitric Education.* 15(1), 8-15.

Schmidt, H. G.(1994). Resolving inconsistencies in tutor expertise research: Does lack of structure cause students to seek tutor guidance?. *Academic Medicine*, 96(8), 656-662.

Schor, N. F., Troen P., Kanter S. L., & Janosky J. E.(1997). Interrater concordance for faculty grading of student performances in a problem-based learning course. *Academic Medicine.* 72, 150-151.

Smith, R. M.(1993). The triple jump examination as an assessment tool in the problem based medical curriculum at the University of Hawaii. *Academic Medicine.* 68, 366-72.

Sullivan, M. E.(1999). Peer and self assessment during problem based tutorials. *The American Journal of Surgery.* 177. 266-269.

Swanson, D. B., Case S. M., & van der Vleuten, C. P. M.(1997). Strategies for student assessment. In DBG Feletti (Ed.), *The Challenge of Problem Based Learning*(pp.260-73). NY: St Martin's Press.

Swanson, D. B., Norman, G. R., & Linn, R.(1995). Performance based assessment: lessons from the health profession. *Educational Researcher,* 24, 5-11.

Tamblyn, R. M., Lewis, K. E., & Murray, R. P.(1984). Increasing the objectivity of measuring clinical problem solving performance in patient situations, In Schmidt, H. S., & De Volder, M. W.(Eds.). *Tutorials in Problem Based Learning.* Maastricht: Van Corcum, Assen. 64-71.

Torp, L., & Sage, S.(2002). *Possibilities: problem based learning for K-16 education.* Alexandria, VA: Association for Supervision and Curriculm.

Valle, R., Petra, I., Martinez-González, A., Rojas-Ramirez, J.

A., Morales-Lopez, S., & Piňa-Garza, B.(1999). Assess-
ment of student performance in problem-based learn-
ing tutorial sessions. *Medical Educational,* 33, 818-822.

Van der Vleuten, C. P. M., Verwijnen, G. M., & Wijnen, W.
H.(1996). Fifieen years of experience with Progress
Testing in a problem based learning curriculum.
Medical Teacher 18, 103-9.

Walton, H. J., & Mathews, M. B.(1989). Essentials of problem
based learning. *Medical Education.* 23. 542-556.

West, D. A., Umland, B. E., & Lucero, S. M.(1985). Evaluating
student performance. In Kaufman, A.(Ed), *Implementing
Problem Based Medical Education*(pp.144-63). NY:
Springer.

Wiggins, G.(1989). A true test: Toward more authentic and
equitable assessment. *Phi Delta Kappan,* 70(9), 703-713.

William, R. G., Vu, N. V., Barrows, H. S., & Verhulst, S.
(1984). Profile of clinical reasoning test. In Schmidt,
H. S., & De Volder, M. W.(Eds.). *Tutorials in Problem
Based Learning.* Maastricht: Van Corcum, Assen.
72-80.

Wood, T.(1995). From alternative epistemologies to practice
in education: Rethinking what it means to teach and
learn. In Steffe, L. P., & Gale, J.(Eds.), *Constructivism
in Education*, 331-349. Hilsdale, NJ: Lawrence Erlbaum
Associates, Inc.

부 록

<부록 1> 의과대학 문제중심학습의 교육과정 사례

서울대학교 의과대학 내분비학 통합교육 교육과정

시간	7/1(목)	7/2(금)	7/5(월)	7/6(화)	7/7(수)
9:00	다발성 내분비 종양 및 다분비성 자가면역 증후군	내분비질환의 외과적 치료	기능성 자궁출혈	무월경의 진단	성 분화 이상 질환
10:00			여성 성기능 및 성기능 장애	무월경의 치료	고환, 남성 호르몬, 고환 기능검사
11:00	사춘기 내분비학	난소의 발생과 해부학	호르몬 피임법	만성 무배란증, 고프로락틴혈증	정자 생성, 정자검사, 남성 피임법
13:00	PBL	성호르몬의 분비와 조절기전	PBL	폐경 및 갱년기 증후군의 병태 생리	남성불임, 남성 성기능 장애
14:00		임신 내분비학		폐경 및 갱년기 증후군의 치료 및 갱년기 건강 관리	PBL
15:00					

하버드 의과대학 교육과정 (1학년)

	Monday	Tuesday	Wednesday	Thursday	Friday
8:30	Lecture	Lecture	Lecture	Lecture	Lecture
9:30					
10:00	Tutorial (PBL)	Lab	Tutorial (PBL)	Lab or Conference	Tutorial (PBL)
12:00					
17:00		Selective (2hours)	Patient-Doctor(2hours)		

스위스 베른 의과대학 교육과정

구분	학 년	교육과정			
의예과	1	PBL (일주일 4시간)	기초의학강의 (일주일2-4시간)	자율학습	실습
	2				
의학과	1	임상의학입문(1주): 진단방법, 의사-환자관계	통합강의: 16개의 장기중심 통합강의	소집단 수업 병상실습교육: 250시간	
	2	블록강의입문 (9주)	블록강의(43주): 내과, 외과, 소아과, 산부인과, 병리학, 정신과, 방사선과, 류마티스학, 심리사회학, 재활의학, 심장학		
	3	학년말 종합강의(17주)			
	4	선택교육과정(10개월)			

* 김선(2000). 통합교육. 의학교육 세미나 28. p.16.

<부록 2> 문제중심학습 모듈 사례

제목: 선생님, 갑자기 몸이 부었어요.

신증후군의 대표적인 신질환인 minimal change disease를 통하여 부종의 병태생리, 원인, 접근방법 등을 알아보고 신증후군의 병태생리, 감별진단, 치료원칙을 공부하여야 한다.

- 신증후군에서 발생 가능한 합병증과 그 치료법을 숙지하여야 한다.
- 신증후군의 치료에 흔히 사용하는 스테로이드 제제 특성 및 부작용을 파악하여야 한다.
- 사구체성 신질환에서 신생검의 필요성을 이해하고, 병리학적 분류를 파악해야 한다.

구체적인 임상적 학습목표

학 습 목 표	
생물학적 요소	전신부종의 원인과 병태생리를 이해하여야 한다. 사구체성 신질환에서 신생검의 필요성을 이해하고, 병리학적 분류를 공부해야 한다.
인구의학적 요소	신증후군과 관련하여 어린이와과 성인의 유병률 차이, 발현 형태의 차이에 대해 파악한다.
행동과학적 요소	관련 질환자들이 일차의료기관과 한의원 등에 가는 행태에 대해 파악한다.
임상적 요소	부종의 일반적 치료 원칙을 이해하여야 한다. 신증후군의 대표적인 신질환인 minimal change disease를 통하여 신증후군의 병태생리, 감별진단, 치료원칙을 공부하여야 한다.

첫 번째 만남

part 1

김희선 씨(22세, 여자)가 13일 전부터 온 몸이 다 붓는다고 본원 내과 외래를 방문하였다.

1. 주요 사실(fact)과 문제(problem)

(1) 22세 여자의 질환

(2) 온 몸이 붓는다고 호소.

2. 가설(hypothesis)

(1) **전신부종**을 유발할 수 있는 질환이다.

① 심부전

② 간경화증

③ 신장질환 (신부전, 신증후군)

④ 내분비 질환

⑤ 원발성

3. 학습과제(learning issues)

(1) 부종의 정의 및 종류 (generalized vs. localized)

(2) 부종의 원인

(3) 부종의 발생기전

첫 번째 만남

part 2

평소 모델 생활을 하며 바쁘게 지내던 김희선 씨는 13일 전, 갑자기 얼굴 특히, 눈 주위가 붓고 양쪽 다리도 붓기 시작하였으며, 소화가 잘 안 되는 것을 느껴 인근 의원을 방문하여 위염이라는 애기를 듣고 약을 복용하였으나 증상의 호전이 없자 다시 한의원을 방문하여 침술치료 중, 부종이 점점 심해져 내원하였다.

환자는 5개월 전, 좌측 손목골절로 인근 병원에 입원하여 치료받은 것 이외에는 평소 건강하였으며 최근에 약물, 한약 또는 건강보조식품을 복용한 적은 없었다. 모델로 활동하고 최근 결혼을 하였으며 그 외의 사회력 및 가족력에서 특이 사항은 없었다.

김희선 씨는 지난 13일 간 약 7kg의 체중 증가와 소변양의 감소가 있었고 소변을 본 후에 평소보다 변기에 거품이 많이 남았으나 배뇨통이나 적색뇨는 없었다. 계단을 오를 때 숨이 약간 찾으나 흉통은 없었으며 기좌호흡(orthopnea)을 호소하지 않았다. 또한 최근에 발열, 관절통, 피부발진이나 복통 등의 증상은 없었으며 단지 소화가 잘 안됨을 호소하였다.

1. 문 제

(1) 갑자기 발생한 부종

(2) 소화불량

(3) 1차 진료기관 및 한의원에서의 치료

(4) 체중 증가

(5) 소변양의 감소

(6) 거품뇨

2. 가 설

(1) 갑작스럽게 **전신부종**을 일으키는 질환이다.

(2) **신장질환에 의한 부종**

- 소변양의 감소 및 거품뇨가 있었던 것으로 미루어 보아, 부종의
  원인은 신장질환에 의할 가능성이 있다.
- 누웠을 때 숨이 차지 않았던 점은 심장질환에 의한 부종은 아
  니었을 것 같다.

이를 확인하기 위해서는 신체검진 시 심장 청진을 비롯한 부종의
다른 원인을 잘 찾아보아야 하겠다.

(3) **이차적 부종**

- 소변양이 줄고 부종이 발생한 점으로 보아, 신장기능이 떨어져
  서 수분배설이 잘 안되어 이차적으로 부종이 발생했을 가능성
  도 있다.
- 그러나 부종이 심한 것에 비해서는 호흡곤란이 심하지 않았던
  점은 이상하다.
- 다른 전신 증상이 없었던 것으로 미루어보아, 전신질환에 의해
  서 이차적으로 발생한 신장질환인 것 같지는 않다.

(4) <u>이차성 사구체신염</u>; 혈청학적 검사를 통하여 가능성을 확인할 필요가 있다.

3. 학습과제

(1) 거품뇨의 의의

(2) 부종을 유발하는 질환에서 각각의 부종의 발생기전을 설명할 수 있어야 한다.

(3) 일차진료의사의 역할에 대해서 생각해 보아야 한다. 어디까지 자신이 환자를 돌볼 것인가?

(4) 환자 치료 측면에서 한의학을 어떻게 볼 것인가?

첫 번째 만남

part 3

　신체검사에서 신장 165cm, 몸무게 64kg, 혈압 130/80mmHg, 맥박은 규칙적이며 분당 92회, 호흡은 분당 20회, 체온은 36.5℃였다. 김희선 씨의 평소 몸무게는 57kg이었다.

　심음과 호흡음은 정상이었고, 거미모양혈관종은 관찰되지 않았다. 복부에서 장기종대의 소견이나 압통, 이동탁음은 없었으며 장음도 정상이었다. 안면과 양측 안검이 부어 있었고 천골 부위와 양측 하지에서 함요 부종이 관찰되었지만 (자료 1), 하지의 색깔 변화나 동통은 없었다.

1. 주요 사실과 문제

(1) 정상 혈압
(2) 흉부 및 복부 진찰 상 이상소견이 없음.
(3) 하지의 색변화나 동통은 없음.
(4) 전신적인 부종 및 함요 부종

2. 가설 논의와 관련 학습 메모

(1) 심장질환에 의한 부종은 아닐 가능성이 많다.
- 혈압이 정상이고 심음, 호흡음에 이상이 없었던 것으로 미루어
보아
(2) 간질환에 의한 부종도 아닐 것 같다.
- 전신 검진에서 이상 소견이 발견되지 않았던 점으로 미루어 보
아
(3) **전신부종**이므로 혈관이상이나 임파선 이상에 의한 localized
edema는 아니다.

3. 학습과제

(1) 울혈성 심부전의 신체검사 소견을 알아야 한다.
(2) 간경화증의 신체검사 소견을 알아야 한다.
(3) 신증후군 환자의 신체검사 소견을 알아야 한다.
(4) 정상치 활력증후군을 파악한다.

두 번째 만남

part 1

내원하여 시행한 검사결과는 다음과 같다.

WBC 9070/mm^3, Hb 13.9gm/dl, Hct 41.4%, Platelet 436,000/mm^3, Cholesterol 463mg/dl, TG 845mg/dl, Sodium 144mEq/L, Potassium 4.7mEq/L, Chloride 112mEq/L, protein 3.7gm/dl, albumin 1.5gm/dl, Calcium 7.5mg/dl, Phosphorus 4.0mg/dl, AST/ALT 30/9 U/L, BUN 7mg/dl, Creatinine 0.7mg/dl

UA with micro: pH 6.5, S.G. 1.030, albumin 3+, bilirubin -,
blood -, nitrite -, RBC: 0-1/HPF, WBC: 0-1/HPF

24 hour urine collection: protein 7.5gm/day, creatinine 1.1 gm
/day, creatinine clearance 78ml/min

ASO/RA/VDRL/FANA(-/-/-/-)

HBsAg/HBsAb/HCV Ab(-/+/-)

IgG/A/M: 207/218/159mg/dl, C$_3$/C$_4$: 117/72.2mg/dl

심한 부종을 완화하기 위하여 이뇨제(furosemide)를 사용하기 시작하였고, 이후 서서히 요량의 증가가 관찰되면서 하루에 약 500gram 가량의 체중감소가 관찰되었다. 신증후군의 원인 신질환을 알기 위하여 환자의 남편에게 informed concent를 받은 후 신생검(renal biopsy)을 시행하였다.

1. 주요 사실과 문제

(1) 혈청 검사 결과는 모두 정상
(2) 부종 치료를 위해서 furosemide를 사용했고 그에 대한 반응은 좋음.
(3) 신생검을 위한 동의서와 신생검을 시행. 고지혈증
(4) 저알부민혈증
(5) 저칼슘혈증
(6) 심한 단백뇨(하루 7.5g)

2. 가 설

(1) **원발성 고지혈증**이다.
(2) **저칼슘혈증**
(3) 저알부민혈증의 원인은 **간경화증**이다.
(4) **신증후군**; 위의 모든 소견은 신증후군에 의한 현상이다.

3. 학습과제

<생물학적 측면>
(1) 단백뇨의 발생기전을 이해해야 한다.
(2) 신증후군의 정의를 알아야 한다.
(3) 신증후군에서 단백뇨의 발생 기전을 파악해야 한다.
(4) 신증후군에서 부종이 발생하는 기전을 이해한다.
(5) 신증후군에서 고지혈증이 발생하는 기전을 이해한다.
(6) furosemide의 효과 및 작용 기전을 파악한다.
(7) 이뇨제의 종류 및 작용 기전을 파악한다.
(8) 이뇨제 사용에 따른 부작용을 알아야 한다.

(9) 주요 원발성 사구체신질환을 분류 기술하고 병리학적인 특징
을 감별할 수 있다.

<행동과학적 측면>

(1) Informed concent를 받는 의미를 생각해보아야 한다.
동의서를 받았을 때와 그렇지 않았을 경우의 법적인 책임은?
(2) Informed concent에 포함되어야할 내용과 설명해야 하는 사
항들을 기술한다.

<임상적 측면>

(1) 24시간 요검사의 의미를 알아야 하며, 환자에게 검사방법을
설명할 수 있어야 한다.
(2) 24시간 요검사를 통해 CCr을 계산할 수 있어야 한다.
(3) 단백뇨의 검출법을 열거하고 그 의의를 설명할 수 있어야 한
다.
(3) 연령 대별로 흔한 신증후군의 원인을 파악할 수 있어야 한다.
(4) 신증후군의 합병증을 열거할 수 있어야 한다.
(5) 신증후군을 분류할 수 있어야 한다.
(6) 우리나라에서 흔한, 신증후군을 잘 유발하는 이차성 사구체신
염을 파악한다.
(7) 신증후군 환자에서 이뇨제에 대한 반응이 좋지 않을 경우 고
려해야 할 임상적 상황을 파악한다.
(7) 신생검 방법과 부작용을 환자 보호자에게 설명할 수 있어야
한다.
(8) 신생검의 적응증과 금기증을 이해할 수 있어야 한다.
(9) 신생검 후 환자의 관리에 대해서 숙지하고 있어야 한다.

두 번째 만남

part 2

신생검 결과 자료와 같았다(자료 2, 3).

환자는 prednisolone(50mg/day)을 복용하면서 10일이 지난 후 소변량이 늘면서 부종이 호전되고 prednisolone을 복용하기 시작한 지 19일이 지나면서 요검사에서 단백뇨가 완전히 소실되어 퇴원하였다.

퇴원 후 외래에서 5주에 걸쳐 prednisolone의 용량을 서서히 줄이면서 재발여부를 관찰하였고, 약물을 끊은 지 한 달 후 시행한 요검사에서도 단백뇨는 관찰되지 않았다.

1. 주요 사실과 문제

(1) minimal change disease

(2) 치료로서 prednisolone을 복용함.

(3) 치료 시작 후 요량이 증가함.

(4) prednisolone을 5주에 걸쳐 서서히 줄인 후 끊음.

(5) 치료를 끊은 지 한 달 후에도 요검사가 정상임.

2. 가설과 학습 메모

minimal change disease

- 이 환자의 모든 증상이 설명된다.
- prednisolone은 증상이 좋아지면 줄여서 끊는 약이다.

- prednisolone에 의해서 minimal change disease는 완치된다면 재발 가능성은 얼마나 될까?

3. 학습과제

<생물학적 측면>

(1) prednisolone의 효과

(2) steroid 제제의 종류 및 역가, 반감기를 알아야 한다.

(3) 신조직의 정상소견을 설명할 수 있어야 한다.

<임상적 측면>

(1) MCNS의 치료에 대해서 알아야 한다.

(2) steroid 치료에 대한 MCNS의 반응을 알아야 한다.

세 번째 만남

part 1

외래에서 정기적으로 추적관찰 하던 중 prednisolone을 끊은 지 6주 후에 몸이 다시 붓는다고 외래를 방문하였다. 요검사에서 다시 단백뇨가 3+가 나와, 재발로 생각하고 prednisolone(50mg/day)을 다시 투여하기 시작하였다.

20일 후 환자는 요량이 증가하고 부종은 많이 줄었으나, 밤에 잠이 잘 안 오고, 얼굴이 달덩이처럼 둥그레진다고 호소하였다.

prednisolone을 투여하기 시작한 지 25일이 지난 후 요검사에서 단백뇨가 소실되어 다시 prednisolone의 용량을 서서히 줄이면서 재발여부를 관찰 중이며 불면 증상은 호전되었다.

1. 주요 사실과 문제

(1) prednisolone을 끊은 지 6주 만에 다시 부종이 발생함.

(2) 재발로 생각하고 prednisolone을 다시 사용하기 시작함.

(3) prednisolone을 사용한 후 요량이 증가하고 부종이 감소함.

(4) 밤에 잠이 잘 안 옴.

(5) 얼굴이 둥그레 짐.

(6) prednisolone을 사용한 후 단백뇨가 다시 소실되고 불면증상
이 완화됨.

2. 가 설

(1) prednisolone을 끊은 후 <u>MCNS가 재발</u>하였다.

(2) <u>불면증;</u> 밤에 잠이 잘 안 오는 것은 병이 걱정되어서이다.

3. 학습과제

<생물학적 측면>

(1) Iatrogenic Cushing syndrome의 발병 기전을 공부한다.

<행동의학적 측면>

(1) 불면증의 원인과 기전 및 치료에 대해 파악한다.

<임상적 측면>

(1) MCNS의 치료에 대한 반응과 재발 시 치료방침에 대해서 알
아야 한다.

(2) steroid 치료의 부작용을 알아야 한다.

(3) steroid 치료의 부작용을 최소화하기 위한 방법들.

학습과제 총괄

<생물학적 측면>

(1) 부종의 정의 및 종류(generalized vs. localized)

(2) 부종의 원인

(3) 부종의 발생기전

(4) 거품뇨의 의의

(5) 부종을 유발하는 신장질환에서 각각의 부종의 발생기전을 설명할 수 있어야 한다.

(6) 단백뇨의 발생기전을 알아야 한다.

(7) 신증후군의 정의를 알아야 한다.

(8) 신증후군에서 단백뇨의 발생 기전을 알아야 한다.

(9) 신증후군에서 부종이 발생하는 기전을 알아야 한다.

(10) 신증후군에서 고지혈증이 발생하는 기전을 알아야 한다.

(11) furosemide의 효과 및 작용 기전을 알아야 한다.

(12) 이뇨제의 종류 및 작용 기전을 알아야 한다.

(13) 이뇨제 사용에 따른 부작용을 알아야 한다.

(14) 주요 원발성 사구체신질환을 분류 열거할 수 있어야 하고, 병리학적인 특징을 감별할 수 있어야 한다.

(16) prednisolone의 효과

(17) steroid 제제의 종류 및 역가, 반감기를 알아야 한다.

(18) Iatrogenic Cushing syndrome의 발병 기전을 공부한다.

<인구의학적 측면>

(1) 나이, 성별에 따른 원인 질환의 유병률

(2) 나이와 성별에 따라 신장질환의 유병률을 파악한다.

(3) 정상치 활력증후군을 파악한다.

<행동과학적 측면>

(1) 일차진료의사의 역할에 대해서 생각해 보아야한다.
   어디까지 자신이 환자를 돌볼 것인가?

(2) 환자 치료 측면에서 한의학을 어떻게 볼 것인가?

(3) Informed concent를 받는 의미를 생각해보아야 한다.
   동의서를 받았을 때와 그렇지 않았을 경우의 법적인 책임은?

(4) Informed concent에 포함되어야할 내용들을 열거할 수 있어야 한다.

(5) 불면증의 원인과 기전 및 치료에 대해 파악한다.

<임상적 측면>

(1) 부종의 감별진단

(2) 부종을 유발하는 신장질환을 열거할 수 있어야 한다.

(3) 울혈성 심부전의 신체검사 소견을 알아야 한다.

(4) 간경화증의 신체검사 소견을 알아야 한다.

(5) 신증후군 환자의 신체검사 소견을 알아야 한다.

(6) 24시간 요검사의 의미를 알아야 하며, 환자에게 검사방법을 설명할 수 있어야 한다.

(7) 24시간 요검사를 통해 CCr을 계산할 수 있어야 한다.

(8) 단백뇨의 검출법을 열거하고 그 의의를 설명할 수 있어야 한다.

(9) 연령 대별로 흔한 신증후군의 원인을 열거할 수 있어야 한다.

(10) 신증후군의 합병증을 열거할 수 있어야 한다.

(11) 신증후군을 분류할 수 있어야 한다.

(12) 우리나라에서 흔한, 신증후군을 잘 유발하는 이차성 사구체신염을 열거할 수 있어야 한다.

(13) 신증후군 환자에서 이뇨제에 대한 반응이 좋지 않을 경우 고려해야할 임상적 상황들을 열거한다.

(14) 신생검 방법과 부작용을 환자 보호자에게 설명할 수 있어야 한다.

(15) 신생검의 적응증과 금기증을 열거할 수 있어야 한다.

(16) 신생검 후 환자의 관리에 대해서 숙지하고 있어야 한다.

(17) MCNS의 치료에 대해서 알아야 한다.

(18) steroid 치료에 대한 MCNS의 반응을 알아야 한다.

Resources

Textbook and Review articles

(1) Fauci AS, Braunbald E, Isselbacher KJ, Wilson JD, Martin JB, Kasper DL, Hauser SL, Longo DL, editors. Harrisons Principles of Internal Medicine. 14th ed. International. McRraw- Hill. 1998. Sections Cardinal manifestations and presentation of disease, and Disorders of the kidney and urinary tract.

(2) Greenburg A, Cheung AK, Coffmann TM, Falk RJ, Jennette JC, editors. Primer on Kidney Diseases. 3rd ed. Academic Press. 2001. Section 3 Glomerular diseases.

(3) Tune BM and Mendoza SA. Treatment of the idiopathic nephrotic syndrome: Regimens and outcomes in children and adults. J Am Soc Nephrol 1997; 824-32

<부록 3> 각 의과대학별 문제중심학습 학생평가지

PBL 학생평가서 (튜터용): 서울의대

교수명: _____

1. 출 석(30점)

출석은 ○. 결석은 ×, 지각은 △로 표시해 주십시오.

성 명							
1 일							
2 일							
3 일							

※2회 이상 결석 시 최하위 점수 처리

2. 튜터에 의한 평가(30점)

우수(25%), 보통(50%), 부족(25%)으로 평가하시고, 우수는5-6, 보통은3-4, 부족은1-2로 기입해주십시오

항 목	내 용					
1. 토론참여도	- 토론에의 적극성 - 진행에 도움이 되는 발언/ 태도					
2. 의사소통기술	- 공감, 경청, 예의, 발표능력					

3. 문제에 대한
   논리적 접근
   능력
	- 문제의 다각적 분석
	- 가설의 논리적 도출
	- 창의적인 사고					

4. 정보수집 / 활 용능력(CUG)	- 학습결과 게시물의 충실도 - 다양한 정보의 수집과 활용 - 시간 준수					
5. CUG참여도	- 온라인상에서의 활발한 상 호작용					
	합 계					

3. 성찰일지 평가(10점)

아래 항목들을 참고하여, 우수는8-10, 보통은 5-7, 부족은1-4로 기입해주십시오.

성 명						
점 수						

PBL 학생평가서 (튜터용): 부산의대

( ) 조

증례명:

tutor:

학 번						
성 명						
첫 만남 (월 일)	지식수준(10)					
	분석, 토론, 발표능력(20)					
둘째만남 (월 일)	과제준비(20)					
	지식수준(10)					
	분석, 토론, 발표능력(20)					
평 가	주관식(20)					
총점(100)						

PBL 학생평가서 (튜터용): 연세의대

■ Tutor   소 속: 교실   이 름:

	첫 번째 모임	두 번째 모임
날 짜	월 일	월 일
소요시간	시간 분	시간 분
사 회 자		
서 기		

☞ 평가항목 설명 및 배점:

- 출 석: 모두 출석 5점, 한번 결석 3점, 모두 결석 0점   5점
- 참 여 도: 토론에 적극적으로 참여하고 발전적인 질문을 한다.   5점
- 논리적 사고능력: 자신의 의견을 논리적으로 전개한다.   5점
- 문제분석능력: 모듈의 문제를 다양한 방식으로 접근하고 분석한다.   5점
- 의사소통능력: 자신의 의견을 설득력 있게 표현하고 다른 의견을 주의 깊게 듣는다.   5점
- 준비 및 발표: 주어진 학습과제를 충실하게 준비하고 발표한다.   5점

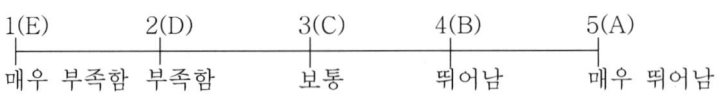

```
1(E)        2(D)        3(C)        4(B)        5(A)
├───────────┼───────────┼───────────┼───────────┤
매우 부족함 부족함        보통        뛰어남      매우 뛰어남
```

※ 두 번의 모임에 걸친 수업에 대한 평가를 개인별로 해 주시기
  바랍니다.

이 름	출 석	참여도	논리적 사고능력	문제 분석능력	의사 소통능력	수업준비 및 발표	총 점 (30점 만점)

1) 문제중심학습 학생 평가지 [양식 2]

* 이 평가지는 학생들이 어떠한 태도로 문제중심학습에 참여하였는지
  를 평가하여 학생 개개인에게 피드백을 주기 위한 것입니다. 토론
  과정에서 학생들이 개선해야 할 점 등을 기록해 주십시오.

이 름	첫 번째 모임	두 번째 모임

* 의견란: 소그룹 전체에 대한 견해를 서술해 주십시오.

PBL 학생평가서 (튜터용): 영남의대

평가일시:

평가대상그룹: 제 그룹

[Group Process and Group reasoning]

※ 아래에 있는 각 항목은 두 가지로 표현되어 있으며 적절한 경
   우에는 ①, 부적절한 경우에는 ②를 표시하되 하나만 선택하
   여 주십시오.

1. Structural/Functional/Dynamic aspects of group process

1)   ① ( ) 모든 학생이 출석하였다.

      ② ( ) 일부 학생이 결석하였다.

2)   ① ( ) 모든 학생의 태도가 주의 깊었다.

      ② ( ) 일부 학생의 자세가 태만하였다.

3)   ① ( ) 의견이나 생각이 자유롭게 표현되었다.

      ② ( ) 전체 의견과 다른 생각이 집단적으로 배제되었다.

4)   ① ( ) 모든 학생이 토론에 참여하였다.

      ② ( ) 토론이 한 두 학생에 의해 주도되었다.

5)   ① ( ) 모든 idea를 비판력을 가지고 고려하였다.

      ② ( ) Idea를 무턱대고 받아들이거나 배척하였다.

2. Organizational/Maintenance aspects of group process

1) ① ( ) 지엽적인 문제에 대한 논의를 적절하게 제한했다.

  ② ( ) 주된 문제에서 쉽게 이탈했다.

2) ① ( ) 학습목표를 향해 과정을 review하는 능력을 보여
주었다.

  ② ( ) 보여주지 못했다.

3) ① ( ) 접근하는 방식에 일관성이 있었다.

  ② ( ) 접근방식이 혼란스러웠다.

4) ① ( ) 결정을 도출하기 위해 의식적으로 노력했다.

  ② ( ) 태만하거나 무관심한 가운데 결정되었다.

5) ① ( ) 과제가 명확하게 지정되고 받아들여졌다.

  ② ( ) 과제의 지정에 있어서 명확한 분배가 없었다.

3. Procedural/Reasoning/Critical Thinking aspects of Group Process

1) ① ( ) 문제 제시에 있어 적절한 단서를 알고 있었다.

  ② ( ) 중요한 단서를 인지하지 못했다.

2) ① ( ) 모든 활용 가능한 관련정보를 사용하여 가설을 설
정하였다.

  ② ( ) 모든 활용 가능한 관련정보를 적절하게 사용하지
못하였다.

3) ① ( ) 가설이 잘 정리되고 가능성의 우선순위를 확인하려고
시도하였다.

  ② ( ) 가설이 명백하게 정리되지 않았고 가능성의 우선

순위에 대한 평가가 없었다.

4)　　①( ) 가설과 요구하는 정보 사이에 연관이 있었다.

　　　②( ) 분명한 이유 없이 정보를 찾았다.

5)　　①( ) 적절한 learning topics를 발견하고 구체화 시켰다.

　　　②( ) Learning topics를 발견하고 구체화 시키는데 실

패하였다.

4. 개인 활동 사항 평가

A)_____

B)_____

C)_____

[기타 지적사항]

평가자 이름　　　　　　　　　　　Signature

PBL 학생평가서 (튜터용): 이화의대

<table>
<tr>
<td>

5. 이름-_____
Day1 토론참여도 1 2 3
Day2 토론참여도 1 2 3
과제발표력 1 2 3
과제제출 0 1

</td>
<td></td>
<td>

4. 이름-_____
Day1 토론참여도 1 2 3
Day2 토론참여도 1 2 3
과제발표력 1 2 3
과제제출 0 1

</td>
</tr>
</table>

<table>
<tr>
<td>

6. 이름-_____
Day1 토론참여도 1 2 3
Day2 토론참여도 1 2 3
과제발표력 1 2 3
과제제출 0 1

</td>
<td>

```
  5      4

6            3

7  table     2

8            1

   tutor
```

</td>
<td>

3. 이름-_____
Day1 토론참여도 1 2 3
Day2 토론참여도 1 2 3
과제발표력 1 2 3
과제제출 0 1

</td>
</tr>
<tr>
<td>

7. 이름-_____
Day1 토론참여도 1 2 3
Day2 토론참여도 1 2 3
과제발표력 1 2 3
과제제출 0 1

</td>
<td></td>
<td>

2. 이름-_____
Day1 토론참여도 1 2 3
Day2 토론참여도 1 2 3
과제발표력 1 2 3
과제제출 0 1

</td>
</tr>
<tr>
<td>

8. 이름-_____
Day1 토론참여도 1 2 3
Day2 토론참여도 1 2 3
과제발표력 1 2 3
과제제출 0 1

</td>
<td></td>
<td>

1. 이름-_____
Day1 토론참여도 1 2 3
Day2 토론참여도 1 2 3
과제발표력 1 2 3
과제제출 0 1

</td>
</tr>
</table>

조번호: 조

Tutor:_____

PBL 학생평가서(튜터용): 인제의대

제 조 **Tutor;** (사인)

일 자	성 명 (학번) / 평가항목	( )	( )	( )	( )	( )
월일	출 석	지각, 조퇴, 결석	지각, 조퇴, 결석	지각, 조퇴, 결석	지각, 조퇴, 결석	지각, 조퇴, 결석
	문제이해력	상, 중, 하	상, 중, 하	상, 중, 하	상, 중, 하	상, 중, 하
	참 여 도	상, 중, 하	상, 중, 하	상, 중, 하	상, 중, 하	상, 중, 하
	태 도	상, 중, 하	상, 중, 하	상, 중, 하	상, 중, 하	상, 중, 하
	계					
월일	출 석	지각, 조퇴, 결석	지각, 조퇴, 결석	지각, 조퇴, 결석	지각, 조퇴, 결석	지각, 조퇴, 결석
	문제이해력	상, 중, 하	상, 중, 하	상, 중, 하	상, 중, 하	상, 중, 하
	참 여 도	상, 중, 하	상, 중, 하	상, 중, 하	상, 중, 하	상, 중, 하
	태 도	상, 중, 하	상, 중, 하	상, 중, 하	상, 중, 하	상, 중, 하
	과 제 물	상, 중, 하	상, 중, 하	상, 중, 하	상, 중, 하	상, 중, 하
	계					
월일	출 석	지각, 조퇴, 결석	지각, 조퇴, 결석	지각, 조퇴, 결석	지각, 조퇴, 결석	지각, 조퇴, 결석
	문제이해력	상, 중, 하	상, 중, 하	상, 중, 하	상, 중, 하	상, 중, 하
	참 여 도	상, 중, 하	상, 중, 하	상, 중, 하	상, 중, 하	상, 중, 하
	태 도	상, 중, 하	상, 중, 하	상, 중, 하	상, 중, 하	상, 중, 하
	과 제 물	상, 중, 하	상, 중, 하	상, 중, 하	상, 중, 하	상, 중, 하
	계					
그 외 개인평가에 대한 의견						

■평가항목 (1) 문제이해력(문제인식, 학습목표 설정, 가설설정, 가설을 입증하기 위한 조사능력)
   (2) 참여도(적극성, 발표능력의 우수성, 발전적인 질문)
   (3) 태도(동료 간의 태도, 교수에 태도)
   (4) 과제물(자율학습수행)
   (5) 출석(지각, 조퇴, 결석)

PBL 학생평가서 (튜터용): 울산의대

학생 이름: 그룹: 조 날짜: _____

	그렇지 않다 <-> 그렇다				
	1	2	3	4	5
토론에 적극적으로 참여하였는가?					
그룹 활동에 대한 기여도가 높았는가?					
상호 협력 하에 학습 과정을 진행하였는가?					
참고 문헌 검색이 충분하고 적절하였는가?					
자율학습 결과를 적절히 발표하고 활용하였는가?					

Tutor 이름: _____

PBL 학생평가서 (튜터용): 포천중문의대

평가자:

일 자:　　　　　모듈제목:　　　　　PBL ( ) 조

평가 항목					평가 대상 학생 이름과 평가					
평가 표시	탁월 4	우수 3	보통 2	미흡 1	나쁨 0					
결석횟수										
수업참여 태도(아래사항을 참고하여 평가)										
- 출석 및 시간 지키기 - 동료들에 대한 예의 - 활발하게 참여한다. - CUG에 좋은 의견을 자주 개진한다. - 도와주고 협동한다. - 스트레스에 대한 반응과 대처가 우수										
추론능력(아래사항을 참고하여 평가)										
- 내용을 잘 이해한다. - 내용을 다각적으로 분석하고 문제를 제기한다. - 진행에 도움이 되는 질문과 발언을 한다. - 가설을 잘 세우고 이유를 설명한다. - 지식을 적용하고 대책을 수립하는 응용력이 있다. - 전체를 종합하고 핵심을 정리한다.										
지식정도(아래사항을 참고하여 평가)										
- 지식의 양과 깊이 - 의학용어를 정확하고 유용하게 사용한다. - 알고자 하는 내용을 충분하게 추구한다. - 동료에게 도움이 되는 지식과 정보를 제공한다. - 적절한 학습항목을 도출한다.										
여건 활용능력(아래사항을 참고하여 평가)										
- 참고 서적을 폭넓고 깊이 있게 잘 활용한다. - Resource person과 관계기관을 잘 활용한다. - 학습내용을 충실하고 잘 정리하여 발표한다. - 동료들이 충분히 이해할 수 있도록 노력한다.										
총 평 - 이 그룹 전체의 활동을 '상', '중', '하'로 구분해 주십시오. - 탁월한 학생이 있었으면 이름, 어떤 점에서 탁월하였는지를 적어주십시오.										

PBL 학생평가서 (튜터용): 고려의대

조: _____ Module명:

수업일자_____ 평가교수:

Ⅰ. 학생 개별 평가

이름	참여성	문제해결 능력	과제 준비 충실도	협동심	총 평	강점 및 보완해야 할 점

◎평가의 기준 (A, B, C)
◆참여성: 적극성, 발전적 질문
◆문제해결능력: 합리적인 가설설정, 사전지식 활용, 학습과제 설정
◆과제준비 충실도: 학습과제 이행 정도, 과제를 이용한 가설 재설정과 문제해결
　　　　　　　　에 적용
◆협동심: 조원 의견 존중, 조의 규칙 준수
◆총 평: 수업참여도, 의학적 지식과 문제해결과정 등에 대한 전반적 평가

Ⅱ. **조 평가:** 다음 항목에 대하여 선생님께서 지도하신 조는 어떠했는지 평가하여 주십시오.

	매우 그렇다	그렇다	보통 이다	그렇지 않다	매우 그렇지 않다
1 조의 규칙을 명확히 수립하였다					
2 정해진 규칙을 준수하고 이에 따라 수업을 진행하였다					
3 모든 학생들이 골고루 토론에 참여하였다					
4 모든 조원들이 협력하여 문제를 해결하려고 노력하였다					
5 가설을 수립 및 문제해결과정이 합리적이었다					
6 학습목표를 스스로 결정하고 분배하였다					
7 조의 활동에 대하여 정기적으로 평가하고 향상에 노력하였다					
8 TUTOR의 피드백을 수용하고 수정하려고 노력하였다					

Ⅲ. 조의 활동에 대하여 칭찬할 점 혹은 개선점이 있으면 기술하여 주십시오.

PBL 학생평가서 (튜터용): 계명의대

2004학년도 1학기 의학과 2학년

⟨1조⟩ 증례명:		지도교수: (인)					
번 호							
성 명							
첫 번째 만남	출석(2점) 결석(0)/지각(1)/출석(2)						
	참여도(A/B/C): 발표 횟수						
	상(A) 중(B) 하(C)	분석력					
		학습항목 도출능력					
		협동심					
두 번째 만남	출석(3점) 결석(0)/지각(2)/출석(3)						
	상(A) 중(B) 하(C)	발표력					
		전문성					
		분석력					
		협동심					

PBL 학생평가서 (튜터용): 중앙의대

( )번째 모임

PBL 수업_____조   module No_____
Tutor 소속 _____   교실Tutor 이름_____
수업 일시 _____   수업소요시간___시간__분
사회자_____   서기_____

구분 이름	참여성			문제인식도			의견란: (출석사항기입)
	상	중	하	상	중	하	

집단평가			
상	중	하	(전체 집단에 대한 견해)

◆ 평가를 위한 준거 항목 ◆

① 참여성: 주의집중, 적극적, 발전적인 질문
② 문제인식도: 문제이해, 가설설정, 학습목표설정, 사전지식의 활용
③ 집단평가: 학습목표의 성취

지필고사 (Short Case Quiz) 및 보고서 평가

이　름	지필고사 성적	보고서 성적

① 지필고사는 문제중심학습과정에 논의될 수 있는 내용에 대한 간단한 Quiz입니다.

② 보고서 평가는 학습과정 동안 준비한 학습내용에 대한 평가입니다.

PBL 학생평가서 (튜터용): 성균관의대

Unit#_____ 평가일_____ PBL( )조 평가자_____

평가항목					평가대상 학생이름과 평가					
탁월 4	우수 3	보통 2	미흡 1	나쁨 0						
1. 출석 및 시간 지키기										
2. 동료들에 대한 예의										
3. 활발하게 참여한다										
4. 도와주고 협동한다										
5. 스트레스에 대한 반응과 대처가 우수										
6. 내용을 잘 이해한다										
7. 내용을 다각적으로 분석하고 문제를 제기한다										
8. 진행에 도움이 되는 질문과 발언을 한다										
9. 가설을 잘 세우고 이유를 잘 설명한다										
10. 지식을 적용하고 대책을 수립하는 응용 력이 있다										
11. 전체를 종합하고 핵심을 정리한다										
12. 지식의 양과 깊이										
13. 의학용어를 정확하고 유용하게 사용한다										
14. 알고자 하는 내용을 충분하게 추구한다										
15. 동료에게 도움이 되는 지식과 정보를 제공한다										
16. 적절한 학습항목을 도출한다										
17. 참고서적을 폭넓고 깊이 있게 활용한다										
18. Resource person과 관계기관을 잘 활용한다										
19. 학습내용을 충실하고 잘 정리하여 발표한다										
20. 동료들이 충분히 이해할 수 있도록 노력한다										

21. 총 평:

PBL 학생평가서 (튜터용): 단국의대

일자: 튜터 이름: PBL (   ) 조

4: 매우 그렇다, 3: 대체로 그렇다, 2: 동의도 부정도 아니다, 1: 대체로 아니다, 0: 전혀 아니다.

	4	3	2	1	0
환자의 문제를 쉽게 파악할 수 있도록 도와주었다.					
가설을 쉽게 세울 수 있도록 도와주었다.					
구체적인 학습내용을 쉽게 정할 수 있도록 도와주었다.					
마무리 단계에서 가설의 순위를 최종적으로 쉽게 재정리 할 수 있게 도와주었다.					
튜터가 토의주제를 선정하지 않고 소집단으로 하여금 토의 주제를 정하도록 하였다.					
긴장되지 않고, 비위협적이며, 적극적인 학습 환경을 만들도록 도와주었다.					
갈등이 쉽게 해소되도록 도와주었다.					
시간을 효율적으로 사용하도록 장려하였다.					
다양한 학습 자료원을 이용하도록 장려하였다.					
정보원에 의문을 제기하고, 비판적인 자료 평가를 장려하였다.					
학생 개인 및 소집단에 대한 feedback을 적절한 시기에 효율적으로 실시하였다.					
소집단에 적절히 속도로 토의를 진행하도록 도와주었다.					
담당 튜터의 장점은?					
담당 튜터의 단점은?					
담당 튜터에 대한 전반적인 평가를 해보면: 매우 만족스럽다 만족스럽다 비교적 만족스럽다 그저 그렇다 불만족스럽다					
제안점(일반적인 튜터의 역할에 대해) :					

PBL 학생평가서 (튜터용): 가천의대

□ 일 시:

♧ Case 1 (PBL 0 -00):

평가영역 및 항목 기준 안내 / 성명(학번)	PBL session 1: 토론과 이론 주론과정				지각 시 감점(-)	총 점 (바쁘시면 놔두셔도 됩니다)
	문제 이해 및 주론 능력	합리적 가설	적절한 학습 과제의 도출	관련된 정보에 대한 명확한 이해		
	다면적 이해와 다학제 간 분석 및 통찰력		각 영역마다 학생 발언 1회 이상 참여 권고	논리성, 연관성, 중요성 고려	10분마다 1점 감점	

♣ Case 1 (PBL 0 -00   ):

평가영역 및 항목 기준 안내 / 성명 (학번)	PBL session 2: 자율 협동 능력				총 점 (바쁘시면 나두셔도 됩니다)
	각종 자원의 적절한 활용	과제수행의 적절성	그룹에 대한 공헌	지각 시 감점(−)	
	자원 활용과 문제해결	준비, 이해, 발표, 정리	타인 이해 봉사 책임	10분마다 1점 감점	

※ 각 평가 영역에 대해 1~7점 중 적절한 점수(가능한 2, 3/5, 6 중에서)를 적어 주세요 (단, 10분 지각마다 −1점).

▶ 튜터 성명: _____

<부록 4> 개념도 사례

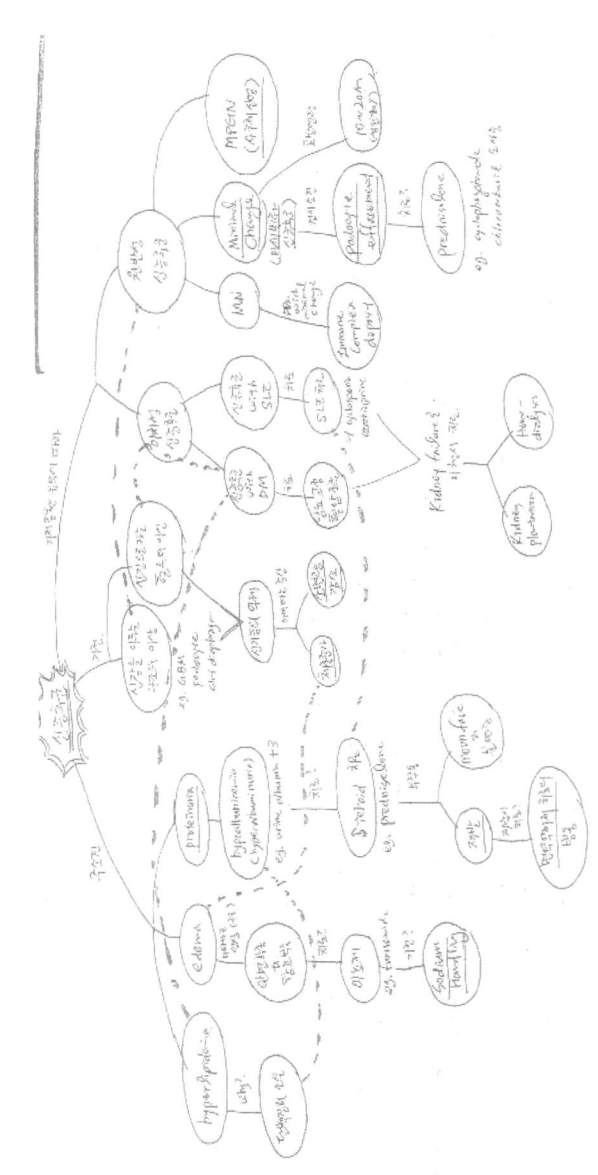

● 저자 ●

• 채수진(蔡洙珍)　　약 력
　　　　　　　　　　성신여자대학교 사범대학 교육학과 졸업
　　　　　　　　　　서울대학교 대학원 교육학 석사
　　　　　　　　　　성신여자대학교 대학원 교육학 박사
　　　　　　　　　　서울대학교 의과대학 의학교육실 연구원
　　　　　　　　　　성신여대, 동덕여대 강사
　　　　　　　　　　(현) 성균관대학교 공학교육혁신센터 연구원

　　　　　　　　　　주요 논저
　　　　　　　　　　「문제바탕학습을 적용한 통합교육 수업에서
　　　　　　　　　　　자기주도학습 능력에 따른 학업성취도 비교」
　　　　　　　　　　「문제중심학습 수업에서 수행평가 적용 사례」
　　　　　　　　　　「설문지를 이용한 학생에 의한 실습수업 평가」
　　　　　　　　　　「강의평가 도구의 타당도와 신뢰도에 관한 연구」
　　　　　　　　　　『의학교육용어집』
　　　　　　　　　　외 다수

PBL에서 학생평가는 신뢰 할 수 있는가?
문제중심학습과 평가

• 초판 인쇄　2005년 2월 21일
• 초판 발행　2005년 2월 22일
• 2 쇄 발행　2008년 2월 28일
• 지 은 이　채수진
• 펴 낸 이　채종준
• 펴 낸 곳　한국학술정보㈜
　　　　　　경기도 파주시 교하읍 문발리
　　　　　　파주출판문화정보산업단지 513-5
　　　　　　전화 031) 908-3181(대표)·팩스 031) 908-3189
　　　　　　홈페이지 http://www.kstudy.com
　　　　　　e-mail(e-Book사업무) publish@kstudy.com
• 등 록　제일산-115호(2000. 6. 19)
• 가 격　21,000원

ISBN　89-534-2329-5 93370 (paper book)
　　　　89-534-2330-9 98370 (e-book)